地方自治体版

「働き方改革」
職場実践ガイド

Administrative Management Research Institute
株式会社 行政マネジメント研究所［著］

ぎょうせい

はじめに

　本書は、株式会社行政マネジメント研究所でこれまで働き方改革（生産性向上）のご支援をさせていただいた団体の各職場の実践事例を基に整理した様々な実践ノウハウです。

　本書を手に取っていただいた地方公務員の方が、このノウハウを職場で実践いただき、よりよい職場運営を行って、よりよい地域社会に更に貢献いただくことを目的としています。

　第1章では、「地方自治体における働き方改革の必要性」について、まず"働き方改革とは何か"を整理し、地方自治体の生産性向上について触れていきます。

　第2章では、地方公務員としてある意味刷り込まれている「"最小費用で最大効果"の見直し」について、成果と効果の連動性などを整理して、その見直しについて触れていきます。

　第3章では、「事業のスクラップの阻害要因とその対策と実践例」について、多くの地方自治体で実施されている行政評価と事業の統廃合の成果について整理し、これからの事務事業の統廃合の新たな仕組みの構築について、具体的な手法と、その実践例を紹介します。

　第4章では、「地方自治体の長時間労働の原因と対策」について、地方自治体の生産性向上の阻害要因を整理し、その阻害要因における対策の概要を示します。

　最後の第5章では、「働き方改革の実践例」について、様々な業務特性のある地方自治体ですが、代表的な七つの事例を紹介します。

　全体として、できる限り理論的な部分を少なくし、皆様の職場にお

いて参考にしていただける部分に分量を割きました。本書が、皆様の
課題解決の一助となれば幸いです。

　2018年6月

　　　　　　　　　　株式会社　行政マネジメント研究所

目　次

はじめに

第1章　地方自治体における働き方改革の必要性

1. 働き方改革とは ・・・・・・・・・・・・・・・・・・・・・・・・・・・・・・・・・・・ 2

（1）人口減少による生産年齢人口の減少 ・・・・・・・・・・・・・・ 2

（2）経済成長の鈍化 ・・・・・・・・・・・・・・・・・・・・・・・・・・・・・・・・ 4

（3）労働生産性の向上 ・・・・・・・・・・・・・・・・・・・・・・・・・・・・・・ 4

2. 地方自治体の生産性 ・・・・・・・・・・・・・・・・・・・・・・・・・・・・・・・ 9

3. 地方自治体の労働生産性の向上 ・・・・・・・・・・・・・・・・・・・ 13

第2章　"最小費用で最大効果"の見直し

1. 成果と効果の違い ・・・・・・・・・・・・・・・・・・・・・・・・・・・・・・・・・ 18

2. 成果と効果の連動性 ・・・・・・・・・・・・・・・・・・・・・・・・・・・・・・・ 19

3. 期待される効果を最小の費用で ・・・・・・・・・・・・・・・・・・・・ 22

第3章　事業のスクラップの阻害要因とその対策と実践例

1. 行政評価による事業の統廃合 ・・・・・・・・・・・・・・・・・・・・・・ 26

2. 現在の行政評価と事業の統廃合 ・・・・・・・・・・・・・・・・・・・・ 28

3. 事務事業の統廃合の新たな仕組みの構築 ・・・・・・・・・・・ 30

（1）対象とする事務事業 ・・・・・・・・・・・・・・・・・・・・・・・・・・・・ 30

（2）事業の統廃合の手法 ・・・・・・・・・・・・・・・・・・・・・・・・・・・・ 34

　　① 事業間比較アプローチ／35

　　② 時間軸比較アプローチ／37

1

（3）職場での実践 ・・・・・・・・・・・・・・・・・・・・・・・・・・・・・・・・・・・・・・38

4. 事業の統廃合の取組事例 ・・・・・・・・・・・・・・・・・・・・・・・・40

（1）部門概要 ・・・40

（2）取組前の状況 ・・・・・・・・・・・・・・・・・・・・・・・・・・・・・・・・・・・・・40

（3）取組概要 ・・41

（4）取組内容 ・・43

（5）成果・効果 ・・・・・・・・・・・・・・・・・・・・・・・・・・・・・・・・・・・・・・・45

第4章 地方自治体の長時間労働の原因と対策

1. 地方自治体の生産性向上の阻害要因 ・・・・・・・・・・・・・・・48

（1）戦略的要因 ・・・・・・・・・・・・・・・・・・・・・・・・・・・・・・・・・・・・・・・48

（2）管理的要因 ・・・・・・・・・・・・・・・・・・・・・・・・・・・・・・・・・・・・・・・49

（3）業務的要因 ・・・・・・・・・・・・・・・・・・・・・・・・・・・・・・・・・・・・・・・49

（4）業務の特性 ・・・・・・・・・・・・・・・・・・・・・・・・・・・・・・・・・・・・・・・50

2. 阻害要因における対策の概要 ・・・・・・・・・・・・・・・・・・・・・・52

（1）戦略的要因 ・・・・・・・・・・・・・・・・・・・・・・・・・・・・・・・・・・・・・・・52

（2）管理的要因 ・・・・・・・・・・・・・・・・・・・・・・・・・・・・・・・・・・・・・・・55

① 管理監督者の業務量の増大／55

② 事業のマネジメント／58

③ 職員のマネジメント／61

④ 組織のマネジメント／62

（3）業務的要因 ・・・・・・・・・・・・・・・・・・・・・・・・・・・・・・・・・・・・・・・66

（4）情報通信技術の活用による効率化 ・・・・・・・・・・・・・・・67

① ＩＣＴの活用／67

② 人工知能（ＡＩ）の活用／72

③ ＲＰＡの活用／73

④ 効率化のための情報通信技術活用の取組／75

目　次

第5章　働き方改革の実践例

1. 大所帯で様々な仕事を担当している職場 ‥‥‥‥‥‥‥ 79

（1）A課の実践例 ‥‥‥‥‥‥‥‥‥‥‥‥‥‥‥‥‥‥‥‥ 79

① 部門概要／79

② 取組前の状況／79

③ 取組概要／80

④ 取組内容／80

⑤ 成果・効果／89

（2）B課の実践例 ‥‥‥‥‥‥‥‥‥‥‥‥‥‥‥‥‥‥‥‥ 91

① 部門概要／91

② 取組前の状況／91

③ 取組概要／92

④ 取組内容／92

⑤ 成果・効果／101

2. チームで同種の業務を行っている職場 ‥‥‥‥‥‥‥ 104

① C課部門概要／104

② 取組前の状況／104

③ 取組概要／104

④ 取組内容／105

⑤ 成果・効果／109

3. 季節性があって一定時期繁忙になる職場 ‥‥‥‥‥‥ 110

① C課部門概要／110

② 取組前の状況／110

③ 取組概要／110

④ 取組内容／111

⑤ 成果・効果／116

4. 新規採用職員や若手職員が多い職場 ‥‥‥‥‥‥‥‥ 117

（1）C課の実践例 ‥‥‥‥‥‥‥‥‥‥‥‥‥‥‥‥‥‥‥ 117

① 部門概要／117

② 取組前の状況／118

③ 取組内容／118

3

④　成果・効果／120

(2)　D課の実践例 ・・・・・・・・・・・・・・・・・・・・・・・・・・・・・・・・・・ 120

① 部門概要／120

② 取組前の状況／121

③ 取組内容／121

5. 少人数の職場 ・・・・・・・・・・・・・・・・・・・・・・・・・・・・・・・・・・・・・・・ 128

(1)　E課の実践例 ・・・・・・・・・・・・・・・・・・・・・・・・・・・・・・・・・・・・ 128

① 部門概要／128

② 取組前の状況／128

③ 取組概要／129

④ 取組内容／129

⑤ 成果・効果／144

(2)　F課の実践例 ・・・・・・・・・・・・・・・・・・・・・・・・・・・・・・・・・・・・ 145

① 部門概要／145

② 取組前の状況／145

③ 取組内容／146

④ 成果・効果／150

6. 正解のない、考える業務が多い職場 ・・・・・・・・・・・・・・・ 152

① G課部門概要／152

② 取組前の状況／152

③ 取組概要／152

④ 取組内容／153

⑤ 成果・効果／157

7. 一人ひとりが全く違う専門性の高い職場 ・・・・・・・・・・・・ 159

① H課部門概要／159

② 取組前の状況／159

③ 取組概要／160

④ 取組内容／160

⑤ 成果・効果／162

8. まとめ ・・・ 164

●最後に ・・ 174

第1章

地方自治体における
働き方改革の必要性

●第1章●地方自治体における働き方改革の必要性

1. 働き方改革とは

　地方自治体にとって「働き方改革」とは何でしょうか。また、本書を手に取っていただいた貴方にとっての「働き方改革」とは何でしょうか。

　最初に、「働き方改革」のめざすものから確認します。「働き方改革」は政府が掲げたものでありますが、少しずつその意味の捉え方が変わってきているように思います。例えば「時間外勤務の削減」ですが、何のために時間外勤務を削減するのかという点が曖昧です。時間外勤務の削減が悪いことだというわけでありませんし、時間内でおさまることはよいことです。ただ、ノー残業デーを設けるなどの、時間外勤務の削減が目的化しているように思える施策が多くなっています。

　政府が掲げる「働き方改革」の定義と、そのめざすものを正しく理解することが求められているわけではありませんが、そもそも「働き方改革」はなぜ必要なのかを確認します。

（1）人口減少による生産年齢人口の減少

　第一に、日本が直面している大きな問題である出生数減少が発端となり、そのことに連動して生産年齢人口が減少しています。

　図表1-1の国立社会保障・人口問題研究所の最新の「日本の将来推計人口」では、平成27（2015）年の日本の総人口1億2,709万人から、これ以降人口減少過程に入るとされています。平成52（2040）年の1億1,092万人を経て、平成65（2053）年には1億人を割って9,924万人となり、平成77（2065）年には8,808万人になるものと推計されています。これには、年少人口（0〜14歳）の減少が大き

図表1-1　年齢3区分別人口の推移　出生中位（死亡中位）推計

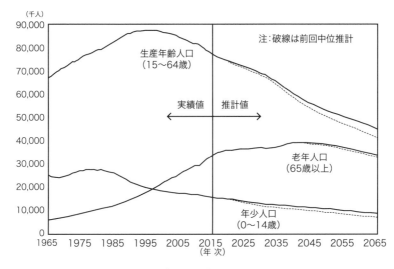

出所：国立社会保障・人口問題研究所「日本の将来推計人口」

く影響しており、日本人の出生数は昭和48（1973）年の209万人から平成27（2015）年の101万人と実に約半数まで減少しています。その結果、当然のことながら年少人口も1980年代初めの2,700万人規模から平成27（2015）年には1,595万人まで減少しています。同じく生産年齢人口（15〜64歳）は戦後一貫して増加を続け、平成7（1995）年の国勢調査では8,726万人に達しましたが、その後減少局面に入り、平成27（2015）年国勢調査によると7,728万人と実に約1,000万人もの減少となっています。

　ここ数年、売り手市場と言われ、働き手不足が注目されています。20年の間で1,000万人も減ったのになぜ今注目をされているのかと言えば、平成7（1995）年頃はバブル崩壊で全ての産業において緊縮傾向があったこと、その後景気回復が見られましたがリーマンショックによる世界的不景気に陥ったことから、全産業で積極的採用を控えていたことで今まで意識されずにきたということでしょう。将

●第1章●地方自治体における働き方改革の必要性

来の生産年齢人口は、平成41（2029）年、平成52（2040）年、平成68（2056）年には、それぞれ7,000万人、6,000万人、5,000万人を割り、平成77（2065）年には4,529万人になると推計されています。70年を経て、約半数になるという推計です。

（2）経済成長の鈍化

　第二に、人口に相関関係があると言われる経済成長が、人口が減ることによって鈍化、更には低下していくことです。

　人口減少と経済成長を見るときは、一人当たり国内総生産（GDP）などにより測られる経済全体の産出量を、「人口」「労働力／人口」「産出量／労働力」の三つに分解すると分かりやすいです。産出量は、人口と労働参加率と労働生産性を掛け合わせたものです。つまり産出量を維持・増加するには、人口、労働参加率、労働生産性を増やしていかなければならないわけですが、人口は残念ながら減少を続けていきますので、労働参加率と労働生産性を上げていかなればならないわけです。経済成長率は、人口増加率、労働参加率の上昇率、そして生産性上昇率の三つの要因を足し合わせたものになります。経済成長率を維持・向上していくには、人口増加率は下がる一方ですので、労働参加率と生産性上昇率を上げていかなければならないわけです。

（3）労働生産性の向上

　第三に、先進国の中で日本の労働生産性は残念ながら下位に停滞しており、世界的に見ても日本の労働環境の是正が求められています。

　ＯＥＣＤ（Organisation for Economic Co-operation and Development：経済協力開発機構）加盟国（ＥＵ加盟国22か国とアメリカ、

4

1. 働き方改革とは

カナダ、オーストラリア、スイス、ノルウェーなど日本を含むその他13か国)の労働生産性の統計データを、公益財団法人日本生産性本部の調査結果から紹介します。

　図表1-2の通り、主要先進35か国で構成されるOECD加盟諸国の平成28(2016)年の国民一人当たりGDPを見ると、日本は35か国中17位です。これはアメリカの7割程度です。しかも、OEC

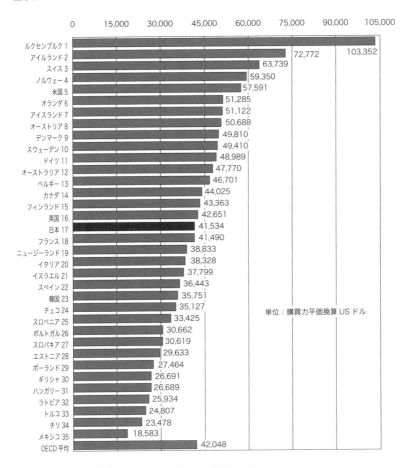

図表1-2　OECD加盟諸国の一人当たりGDP（2016年／35か国比較）

出所：日本生産性本部「労働生産性の国際比較　2017年版」

●**第1章**●地方自治体における働き方改革の必要性

図表1-3　米国と比較した主要国の就業者一人当たり労働生産性

	1970	1980	1990	2000	2001	2002	2003	2004	2005	2006	2007	2008	2009	2010	2011	2012	2013	2014	2015	2016
カ ナ ダ	91.2	90.4	84.8	81.0	80.7	78.7	77.9	77.0	78.4	78.7	78.0	77.7	75.7	74.6	74.7	74.1	75.6	75.6	72.5	71.8
フランス	69.5	86.8	88.9	86.2	87.2	87.0	85.2	83.6	83.8	85.8	86.2	86.2	85.0	84.6	85.6	84.5	87.2	84.9	85.3	84.8
ド イ ツ	75.9	91.9	94.7	82.4	83.4	83.4	82.8	82.0	78.5	79.1	79.6	80.0	76.6	78.5	79.6	79.0	79.6	80.5	80.4	79.6
イタリア	74.2	94.2	98.5	97.1	95.6	93.1	90.4	86.2	84.2	86.2	87.5	89.1	87.3	85.8	86.1	84.3	84.6	83.1	83.1	83.0
日　　本	48.4	63.6	76.4	70.2	70.2	70.5	69.9	69.6	68.9	69.0	69.4	68.7	65.1	66.1	65.5	66.8	67.9	66.3	66.6	66.5
英　　国	59.6	66.2	71.0	74.6	75.5	75.9	75.9	75.7	73.4	75.0	74.3	74.6	71.5	71.6	71.0	71.1	72.0	72.0	71.6	71.9
韓　　国	14.8	23.2	39.0	53.5	54.3	55.5	55.3	55.5	55.2	56.3	58.3	58.9	57.6	58.7	58.0	57.6	56.6	56.0	55.6	56.8

出所：日本生産性本部 労働生産性の国際比較　2017年版

Ｄの平均よりも僅かではありますが下回っています。日本の労働生産性は、**図表1-3**の通り、このところアメリカの２／３の程度の水準で推移していますが、これは1980年代半ばとほぼ同じ水準にあたり、1990年代初頭に３／４近い水準まで日米の差が接近して以降、日米生産性格差は長期的な拡大傾向に歯止めが掛かっていません。アメリカが着実にＧＤＰを拡大させていく一方、日本のＧＤＰはほとんど拡大していないことが影響しています。

　これらの問題に国家として対策に取り組むべく、平成28（2016）年に「一億総活躍社会」に向けた「ニッポン一億総活躍プラン」が閣議決定されました。人口規模を一億人程度で安定化させ、生産性を世

界トップレベルの水準に引き上げることができれば、人口が減少し、生産性が停滞した場合に比べて、長期的には2％以上経済成長率を押し上げることが可能だということです。

そこで、労働制度の抜本的改革を行い、労働参加率と労働生産性を向上させることで、中間層が消費を押し上げ、より多くの方が心豊かな家庭を持てるようにするという提言がされているのです。

さて、政府の掲げる「働き方改革」の話はこのあたりにしておき、話を地方自治体にとって「働き方改革」とは何かということに戻したいと思います。

政府のめざすものをフレーズに置き換えて表現するならば、「地方自治体の労働制度を抜本的に変えて生産性を向上させ、職員一人ひとりが心豊かな生活をできるようにしていく」という文脈でしょうか。いかがでしょう、皆さんはこのフレーズで、地方自治体にとっての「働き方改革」だと腑に落ちますでしょうか。

気になるのは、「労働制度の抜本的改革」を行って生産性を向上させるという点でしょう。労働制度は、地方公務員法に則って、各自治体が定める規則や規程になるわけですが、それを抜本的に変えれば生産性が上がるという論理が当てはまらないのではないかということです。国家的には、女性や若者などの多様で柔軟な働き方の選択を広げる「同一労働同一賃金の実現など非正規雇用の待遇改善」、仕事と子育て・介護等の家庭生活との両立を困難にし、少子化の原因等となる「長時間労働の是正」、生涯現役社会を実現するための「高齢者の就労促進」等に取り組むこととしています。これらほとんどが、労働参加率を上げるための取組です。

「長時間労働の是正」は、労働生産性の向上につながります。労働生産性とは**図表1-4**の通り「産出（Output）」を「労働量（Input）」で割ったもの、言い換えれば「労働者一人当たりが生み出す産出量」

7

●**第1章**●地方自治体における働き方改革の必要性

図表1-4

$$\underset{\substack{（労働者一人当たりが生み出す産出量）\\（労働者が一時間で生み出す産出量）}}{\textbf{労働生産性}} = \frac{産出（Output）}{労働量（Input）}$$

あるいは「労働者が一時間で生み出す産出量」の指標です。

　労働者の労働時間を減らして産出量を保てば、労働生産性が上がります。だから「長時間労働を減らす＝時間外勤務の削減」ということに着目されているわけです。時間外勤務手当欲しさの残業をしている人を除けば、多くの職員が時間外勤務を減らしたいと思っているでしょう。ただ、労働量を減らすことばかりに目が行きがちですが、労働量は減らせども産出量を減らさない、または今までの労働量で更に産出量を増やすという生産性の向上が必要なわけで、時間外勤務の削減が目的ではないことを忘れていけません。

　ただ全ての職場において、もっと生産性を向上させなくてはならないということには疑いの余地はないでしょう。現に、職員は減少するのに比例して仕事は減らず増えているのは実感されていると思います。

　したがって、地方自治体における働き方改革は、「生産性を向上させ、職員一人ひとりが心豊かな生活をできるようにしていく」とすれば、あまり疑念はないと思います。

　回りくどくなりましたが、地方自治体にとっても民間企業にとっても生産性の向上が喫緊の課題であり、それに向けた活動が日本全体で活発になっており、その実現のための一つとして時間外勤務の削減をめざしているという流れです。その手段として、ＡＩの活用やＲＰＡ（Robotic Process Automation）のような業務自動化による省力化の取組があります。

　そこで本書では、「地方自治体の働き方改革は、生産性の向上をめざすもの」として進めていきます。

2. 地方自治体の生産性

　本書では、地方自治体全体の労働生産性を向上させることよりも、その中の特定の組織の生産性を向上することについて述べていきますので、ここからは「働き方改革」を特定組織の生産性を向上させることと捉えて話を進めます。特定の組織内のことなので、産出、労働量という言葉ではなく、産出をOutputで「成果・効果」、労働量をInputで「人×時間」として置き換えます。そうすると、組織の生産性向上は三つのアプローチに集約されます。一つ目は①「分子の"Output（成果・効果）"はそのままで分母の"Input（人×時間）"を減らす」、二つ目は②「分母の"Input（人×時間）"はそのままで、分子の"Output（成果・効果）"を増やす」、最後の三つ目は③「分母の"Input（人×時間）"を減らした分で、新たな"Output（成果・効果）"を増やす取組をする」という三つのアプローチです。ここで①については、ストレスの概念も忘れてはなりません。また、②については時間という概念に加えて、集中力という概念も必要です。整理すると図表1-5の通りです。

図表1-5

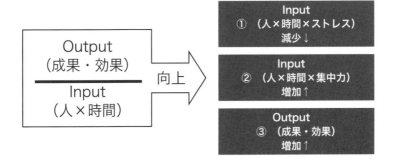

● 第1章 ● 地方自治体における働き方改革の必要性

図表1-6　地方公共団体の総職員数の推移（平成6年～平成29年）

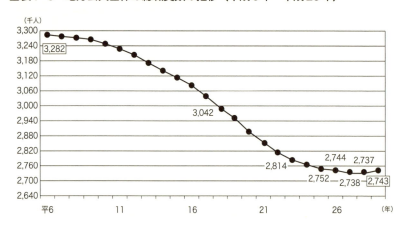

出所：総務省「平成29年地方公共団体定員管理調査結果」

　政府の「働き方改革」とは関係なく、地方自治体はこれまで職員数を削減してきました。平成29（2017）年4月の総務省の調査によると、図表1-6の通り、平成29（2017）年4月1日現在、274万2,596人で、平成6年をピークとして平成7年から減少し続けてきました。それが23年ぶりに増加し、対前年比は、5,333人の増加です。

　行政分野別に見ると、図表1-7の通り、国が定員に関する基準を幅広く定めている教育部門、警察部門、消防部門、福祉関係が約2／3（66.9％）を占めており、国の法令等による職員の配置基準が少なく、地方自治体が主体的に職員配置を決める余地が比較的大きい部門である一般行政部門や、公営企業等会計部門は減少していました。

　それでも、児童相談所や福祉事務所のほか、観光や地方創生への対応などによる増員により、一般行政部門が増加傾向であり、教育部門において、特別支援学校の児童数の増加に伴う教職員の増員などにより、その減少幅が縮小傾向にあります。

2. 地方自治体の生産性

図表1−7 部門別対年前比較における主な増減理由

(単位：人、％)

部門		H29	H28	対前年		主な増減理由
				増減数	増減率	
一般行政部門 ①		915,727	910,880	4,847	0.5	
	福祉関係を除く一般行政	549,010	546,305	2,705	0.5	・防災、地方創生等の体制充実による増員 ・組織の見直し、事務・事業の統廃合、民間委託等による減員
	福祉関係	366,717	364,575	2,142	0.6	・子育て支援、生活保護関連業務に係る体制充実による増員 ・保育所等福祉施設の民間委譲・民間委託等による減員 ・ごみ収集業務の民間委託等による減員
教育部門 ②		1,019,060	1,021,527	▲2,467	▲0.2	・児童・生徒数の減少に伴う学校統廃合や学級数減による減員 ・学校給食・学校用務業務の民間委託等による減員 ・特別支援学校関連業務の体制強化による増員
警察部門 ③		288,347	286,971	1,376	0.5	・組織基盤の充実・強化による増員
消防部門 ④		160,644	160,327	317	0.2	・組織基盤の充実・強化による増員
公営企業等会計部門 ⑤		358,818	357,558	1,260	0.4	・病院の診療体制の強化による増員 ・水道・交通事業の民間委託等による減員
合計①〜⑤		2,742,596	2,737,263	5,333	0.2	

出所：総務省「平成29年地方公共団体定員管理調査結果」

　団体区分別では、**図表1−8・1−9**の通り、都道府県の総職員数は、県費負担教職員の指定都市への移譲により、前年と比べて減少し、市町村（指定都市、特別区、一部事務組合を含む。以下同じ。）の総職員数は、前年と比べて増加しています。

11

● 第1章 ● 地方自治体における働き方改革の必要性

図表1-8　団体区分別職員数の構成（平成29年4月1日現在）

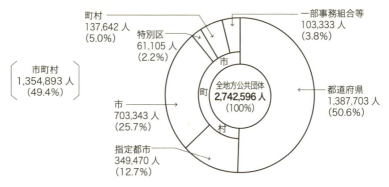

出所：総務省「平成29年地方公共団体定員管理調査結果」

図表1-9　団体区分別職員数の推移（各年4月1日現在）

(単位：人、%)

団体区分	H29	H28	対前年 増減数	増減率	(参考)(※) 県費負担教職員の影響を除いたもの H29職員数	増減数	増減率
都道府県	1,387,703	1,500,778	▲113,075	▲7.5	1,500,260	▲518	▲0.03
市町村	1,354,893	1,236,485	118,408	9.6	1,242,336	5,851	0.5
指定都市	349,470	234,513	114,957	49.0	236,913	2,400	1.0
その他市町村等	1,005,423	1,001,972	3,451	0.3			
合計	2,742,596	2,737,263	5,333	0.2			

出所：総務省「平成29年地方公共団体定員管理調査結果」

　全体として財政的に厳しい状況が続いていますが、行政需要の増加や地方分権に伴い事務事業の広域自治体から基礎自治体への移管が進んだことによる仕事量の増加に伴って、これまで進めてきた定数管理も限界になっていて増加に転じたというのが筆者の見立てで、実際に多くの団体でお聞きします。

　財政的に厳しい状態が続いているため、人件費を抑えて、より効率のよい行政運営をめざし、これまでは生産性における分母のInput（人×時間）の削減を"正規職員数の削減"という形で進めてきたということです。

3. 地方自治体の労働生産性の向上

　先述したように、正規職員数の削減による生産性の向上が限界にきており、これからは仕事の仕方そのものを見直さなければ、これ以上の生産性の向上が難しくなっていると言えます。

　弊社では年間のべ1,400日以上の職員研修を全国の地方自治体で担当させていただいており、働き方改革に関連するテーマの研修を近年数多く担当させていただきました。その研修を通しての受講生の声として、ポジティブなご意見を多くいただく一方で、「目の前の仕事をこなすことに精一杯で、改善を行っていくための時間が取れない」というご意見も多くいただきます。

　この意見は、「ただでさえ忙しいのに、効率アップの取組は更なる負担だ」「業務時間を減らさなければならないのに、効率アップの取組そのものが時間外を増やす」という意見だと受け止めています。

　事実、改善や改革には、通常業務にプラスして取り組むことである以上、当然ながら時間を要します。総論的には"労働生産性の向上が必要だ"と思っていても、各論的には"今は忙しいので後回し"としてきた結果が、今の状況をつくり出しています。読者が管理監督者ならば、自分がそのような状況をつくり出したのでなく、前任者だという意見があることは理解しています。ただ、犯人探しをすること自体には意味がなく、状況を好転させていくことに皆で取り組むことに意義があります。

　ただ、現在法改正がありその対応に追われているとか、少ない人数の職場で休職者が出て、その引継ぎに追われているなどの状況があれば、これは当然ながら今の優先順位を下げざるを得ないでしょう。そ

●第1章●地方自治体における働き方改革の必要性

の緊急対応を優先して、いち早く平常時に戻すことの方が先決なわけですから。このような緊急時を除けば、労働生産性向上への取組は、特別な仕事ではなく、定型業務のように職場全体で継続して実施することが重要です。

　仕事が日々環境の変化に合わせて変動していくこと、職員が定期的に異動していくことは避けられない事実であるため、今この瞬間を切り取って改善をして生産性を向上しても、それは未来永劫、成果や効果が続くわけではないからです。つまり、ずっと取り組むべきテーマであるからこそ、定型業務のように毎年テーマを決めて取り組む必要があるのです。

　地方自治体は、政府が「働き方改革」を掲げる何年も前から、「平成の大合併」「定数管理の厳格化」「行財政改革」と労働生産性の向上に努めてきましたので、政府の「働き方改革」の路線とは全く関係がないとは言いませんが、では、何のための生産性の向上なのでしょうか。

　この問いは、地方自治の発展を通じて地域社会を発展していくためには、今日と同じ仕事の延長戦で実現するのか、という問いの答えと同じだと考えます。つまり今ある仕事を時代や環境に合わせて統廃合し、効率化し、地方自治の発展や地域社会の発展のための取組を増やすことですよね。したがって、定型業務のように効率化に向けて職場全体で取り組み続ける仕組みが必要で、その仕組み自体も定期的に見直していく必要があるのです。

　本書では、そのような仕組みづくりについても紹介していきますので、ぜひ職場で取り入れていただきたいと願っています。

14

3. 地方自治体の労働生産性の向上

第1章　地方自治体における働き方改革の必要性 まとめ

● 働き方改革とは、産出量と経済成長率の向上のために労働参加率と労働生産性の向上に取り組むこと

● 地方自治体における働き方改革とは、時間外勤務の削減が目的ではなく、「今ある仕事を時代や環境に合わせて統廃合し、効率化して、地方自治の発展、地域社会の発展に取り組めるよう生産性を向上させ、職員一人ひとりが心豊かな生活をできるようにしていく」こと

15

第2章

"最小費用で最大効果"の見直し

●第2章● "最小費用で最大効果" の見直し

1. 成果と効果の違い

　生産性は「Output（成果・効果）」／「Input（人×時間）」です。このうち、分母のInput（人×時間）の削減が、正規職員数の削減等により進めてこられたことは、第1章で述べた通りです。ここでは、分子の「Output（成果・効果）」について触れます。

　コンサルティングや研修を通して職員の方とお話をしているとしばしば「成果」と「効果」を混同していることに気付きます。

　端的に表現すると「成果」とは、自分達の活動の結果で、「効果」は利用者の変化です。より詳細に表現すると、「成果」とは、資源（成果をつくり出すために調達された材料や予算など）と活動（成果に変換するための活動のつながり）から算出された財やサービスです。「効果」は、その財やサービスが提供された後の利用者側の状況であるべき姿です。例えば、地方自治体が多く取り組まれている啓発事業においては、住民に知ってもらいたい事柄を記した媒体を作成して掲示したことが「成果」であり、その媒体を通じて、住民が認知し、期待する行動に移したことが「効果」です。

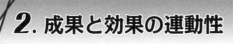

2. 成果と効果の連動性

　本来、成果と効果は連動していないと、その活動の意味をなさないわけですが、ここがしっかりと練られていないケースがあります。イベント系に散見されるのですが、成果として、あるイベントの集客数500名と指標を設定されていて、そのイベントに参加した方にどのような変化を期待していたかということには注力されていないケースです。

　ある団体で、再生紙の分別廃棄を行い、再生紙の再利用率を向上させることを目的とした自治会向けの勉強会を実施している事業がありました。この団体ではこの勉強会の企画や勉強会の資料作成などにかなりの時間を要していらっしゃいました。なぜ時間が掛かっているのかと質問すると、毎回勉強会に参加される住民の方が同じであるため内容を変えて実施しなくてはならないので、その企画や資料作成に時間が掛かっているということでした。

　この事業の目的は、再生紙の分別廃棄を行っていただき再利用率を向上させることで、成果は勉強会の実施、効果は参加者またはそのご家族や周りの方々に分別廃棄を行っていただくことと設定されます。その前提で効果を考えると、毎回勉強会に参加される住民の方が同じということに対して違和感があります。勉強会に参加される方の多くは熱心な方で、分別廃棄はすでに実践済みの可能性が高いと考えられたため、その方に違う内容の資料を作成し、勉強会を実施すること自体に意味があるのかと質問すると、実際勉強会を実施するまで前回参加された方以外が参加される可能性があるから用意せざるを得ないとのことでした。そこで、自治会に参加されないような方々に対しての

活動、もしくは勉強会に参加いただいた方々から分別廃棄を広げていただくような活動をされた方が、効果性が高い仕事になるのでないでしょうかという提案をしました。

図表2-1のように、成果と効果の連動性を事前に整理し、その成果を創出すれば効果は期待できるかをチェックして、効果性の高い仕事していかなければ、限りある予算や職員の時間を有効活用できていない、つまりは生産性の向上を図る必要があります。この仕事と管理の体系図は、事業のマネジメントを行っていく際の基本になりますが、詳細は弊社会長本多鉄男著『即！職場で実践できる自治体マネジメント』（ぎょうせい、2010年）をご参照ください。

図表2-1　仕事と管理の体系図

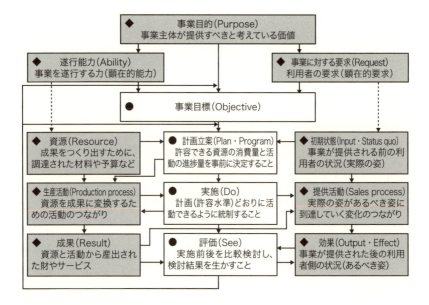

これまでも当然ながら「Output（成果・効果）」を高める活動は、各職場で色々な形で取り組んでこられたことと思います。例えば、専業の事業者に委託することで、全体経費を抑えながら成果を高めたものなどが代表的な例でしょう。

しかしながら、委託自体が目的化していたり、手段が目的化したりというケースは、地方自治体において比較的多く見受けられます。

先の自治会向けの勉強会の事例のように、成果や効果の捉え方を誤ると、この生産性の向上にも影響が出ます。事業系では本来効果（利用者の変化）を期待して事業を推進するのですから、期待する効果を生み出すために成果として何を行うかを決めるわけですが、成果だけに着目して効果に対しての着目度合いが低くなるケースが多いようです。

労働生産性の向上は、何も「Input（人×時間）」の削減だけではなく、これまでと同じ「Input（人×時間）」で「Output（成果・効果）」の量を増やしていくことができれば向上していくわけです。しかし、成果と効果の捉え方が正しくなければ、成果をいくら向上させても、期待される効果につながっていない状態となり、意味がありません。成果と効果の関係性が正しい形で捉えられているか、今一度職場内で点検されてみてはいかがでしょうか。

●第2章● "最小費用で最大効果" の見直し

3. 期待される効果を最小の費用で

　"最小の費用で最大の効果" を出すことは、地方公務員の方々にとってはある意味当たり前のように思われていることと思います。

　しかし、現在の経営資源（ヒト・モノ・カネ）を考えると、"最小の費用" は頷けると思いますが、"最大の効果" については違和感がある方も多いかと思います。

　今、全ての事務事業に対して、全力で最大限の効果を図ることは不可能です。限られた経営資源をどのように活用していくかは、全体の戦略です。何でも目の前にあることに全力にというのは美しくはありますが、実際はそのようなことは不可能なはずです。言われなくても実施していることを、声高に言えないのは分かります。対象となる住民や企業などに対して、全力投球はできかねますとは言えないのですから。ただし、未来永劫とは言っていないはずです。いつか予算が取れればなどの優先順位を付けているはずです。

　土日開庁や時間外窓口などは、サービス業における営業時間拡充などに影響されて多くの自治体が取り入れました。ただ昨今、営業時間やサービスを拡充した民間企業も人材不足などの理由から、拡充したものを減らす努力をしています。小荷物運送業のヤマト運輸が、再配達の時間を短くしたり、金額を引き上げたりしているのはご存知だと思います。その他流通業も元旦営業を取りやめるとか、外食産業でもロイヤルホストが24時間営業を完全に廃止したり、すかいらーくがファミリーレストラン「ガスト」などの約3,000店のうち400店舗程度で営業時間を短縮するなど、サービス縮小の動きが活発になっています。

広げたものをたたんでいくことは、広げる以上に労力を要すること
です。しかし長時間労働の温床となって、採用しても離職するなど人
手不足が進み、サービス提供の品質低下につながっていて、経営的に
は避けられないことだとして見直しを進めています。地方自治体もこ
の機運に乗って、広げた住民サービスを、効率化の視点で見直すべき
だと考えます。

　例えば、土日開庁などは、土日の来庁者数をカウントしてそれに対
応する職員の人件費や光熱費などの経費を公開し、限りある経営資源
を違うことに振り向けたいという論理で、廃止をするなどです。

　以前であれば、役所に手続きに行くために有給などを申請して時間
を捻出していました。土日開庁であれば土日に行けばよいとすると、
当然のことながら土日の来庁者数が増えます。しかし、それに対して
光熱費、人件費という公金が使われているという意識が、利用する一
人ひとりの住民に確実にあるわけではないでしょう。今置かれている
状況を明らかにして、そのサービスが絶対に必要かどうか、過剰では
ないかと問いただし、人とお金を他の何かに使ってほしいとなるよう
に持ち込むことです。

　住民が期待していることは何なのか、その期待に応えるには、どの
程度の経営資源が必要なのか。それを鑑みて、どのラインまでとする
のかを考え、適正化していくことが求められます。

　全てのことに"最小の費用で最大の効果"から、"期待される効果
を最小の費用で"に考え方を転換し、全住民に公平性を担保できなく
なっていることを認識し、"何に"または"どのような住民に"注力を
するか、総花的行政運営から戦略的行政運営への転換が求められてい
ます。

●第2章● "最小費用で最大効果"の見直し

第2章 "最小費用で最大効果"の見直し まとめ

● 成果だけではなくその仕事の効果は何かを考え、今のやり方を見直す必要はないかを点検する

● 全ての仕事に全力投球できるだけの経営資源はないため、期待される効果を整理し、注力するべきものとできる限り効率化していくことを考え、戦略的行政運営へ転換することが必要

第3章

事業のスクラップの阻害要因とその対策と実践例

●第3章● 事業のスクラップの阻害要因とその対策と実践例

1. 行政評価による事業の統廃合

　地方自治の発展を通じて地域社会を発展していくためには、著しい環境の変化が始まっており、今日と同じ仕事の延長線で実現できるほど生易しいものでないと理解されていると思います。つまり、今ある仕事を時代や環境に合わせて統廃合し、効率化し、地方自治の発展、地域社会の発展のための取組をより効率的、効果的に実施し続けることが求められています。そこで、前章の「"最小費用で最大効果"から"期待される効果を最小の費用で"への転換へ」向けた提言に続いてですが、より適正な効果を最小の費用で推進していくためには、事業の統廃合も必要です。

　多くの地方自治体で事業の統廃合の必要性は認識されていると思いますし、「行政評価（事務事業評価）制度」によって、導入前と比較すれば、事務事業の改善や、廃止などある一定の成果を上げてきたと言えます。

　ここで、地方自治体における行政評価の動向を整理したいと思います。地方自治体は、行政評価を実施することが法令等によって義務付けられているわけではありません。しかしながら多くの地方自治体が導入していった背景には、新公共管理（New Public Management）の流行がありました。

　1990年代後半、税収の減少や公営事業の収益悪化による財政悪化が、深刻な問題として認識されており、既存の事業を見直し、財政の改善につなげるための手段として、多くの地方自治体が新公共管理という新しい思潮と、それが推奨する行政評価という仕組みに期待し、導入されていきました。

26

1. 行政評価による事業の統廃合

　総務省が事務次官通達等を通じて、地方自治体に対して行政評価の導入を繰り返し示唆してきたことも、このような動きに拍車をかけることとなりました。総務省の示唆を受けて、多くの地方自治体が行政評価の導入を行政改革大綱等に盛り込み、将来的な行政評価への取組が既定路線化されていきました。

　また、他の団体の成功事例を参考にする動きが、行政評価の普及を後押しし、先行自治体の行政評価制度の模倣版の導入につながり、類似性の高い制度が全国区で広まる形になりました。

27

●第3章●事業のスクラップの阻害要因とその対策と実践例

2. 現在の行政評価と事業の統廃合

　しかし、行政評価導入から一定の時間が経過し、ある期間一定の成果が見られた以降の現在においては、形式的な評価にとどまり、実質的な効果を上げられていない状況に陥っていることをよく耳にします。

　これまでは一定の成果があったのに、なぜ今は形式的になったのかを考えてみたいと思います。理由の一つ目として、公共サービスの絶対評価の難しさです。これまでの行政評価などの取組により、助成金のような申込がなくなったものなど利用されなくなったものはこれまで積極的に統廃合が進み、一定の整理を行ってきたことから、現在時点で、100％無駄と言えるようなもの、全く利用されていないものはなくなっていることが背景にあると考えます。現に誰かの役に立っている、誰かが利用しているので継続しているはずです。総論的には、財源不足により事業の統廃合が必要と認識されていますが、各論として一件ずつその継続を検討すれば、必要だという結論になってしまいます。つまり一件ずつの絶対評価は困難だということです。

　二つ目として、前例踏襲の自己肯定的評価の存在です。先に記載の通り、総論的には財源不足による事業の統廃合の必要性は感じていながら、毎年のように財政部門の査定と原課による攻防により、各論的には自部門の最大予算を獲得することに目が向き、統廃合を積極的に行うインセンティブが働きません。当該年度実施したことを否定されれば、予算の削減につながるため、自己肯定的評価をし、来年度予算の確保に向かいます。このことによって、予算の最大化と事業の継続に向けて動くものの、職場を見ると仕事の多さに時間外勤務を行って

28

いて職員が疲弊し、状況の改善が必要という矛盾が生じています。

　三つ目として、前向きな改善・改革案が覆されることによる無力感です。職場で話し合い、事務事業の統廃合を検討し、首長や幹部との打合せの中で「そのことは継続でよい」とあっさりと覆ってしまう経験があると、結局現場で検討して提案しても無駄だとなることです。

　四つ目として、評価に必要なスキル・能力の不足です。無駄な事務事業を行っていない現在において、現在幹部職に就いている職員も含め、事務事業の統廃合について十分な経験を積んでいる職員は稀な存在です。何をもって、どのような基準で事務事業を評価していくのか、未来に向けて何を残し、何を変えて、全体として何をめざすのかという方向性を決め、それに向けて統廃合を進めていくためのスキル・能力が不足しています。

　S・A・B・C・Dのような評語方式の採点をしていく形か、指標を設けて進捗率にて評価をしていく形なのか、評価の採点方式には違いはあれども、行革や企画部門の狙いとは違い、たいていが継続を前提として評価をされてくるのは、これまでに挙げた理由と、評価で未継続とした場合に統廃合を進めていくためのスキル・能力が不足しているため統廃合に及び腰になり、結局は継続を前提とした評価になってしまっているためと考えます。

　その結果、本書発刊の背景にもなっていることですが、定数管理の厳格化により、職員減少、業務量増大で、一人当たりの業務量は増え続け、自身の担当業務の見直しや改善活動に手を出す余力すらなくなっている実情があります。そのような中、形式的な評価は、職員の時間というコストの無駄を生じる形につながり、そのことで全庁的にも多くのコストが無駄になっています。

●第3章●事業のスクラップの阻害要因とその対策と実践例

3. 事務事業の統廃合の新たな仕組みの構築

　ここで仕組みの構築として、「どの事務事業を」「どのような手法を用いて」「誰が」行うかについて触れていきます。

(1) 対象とする事務事業

　まず「どの事務事業を」から考えていきます。全ての事務事業が統廃合の対象にならないことは、地方自治体の職員ならばお分かりのことと思います。

　図表3-1の通り、事務には、自治事務と法定受託事務があり、法定受託事務には、第一号法定受託事務と、第二号法定受託事務があります。自治事務の中にも、法律・政令による事務処理が義務付けられているものもあれば、任意で行うものもあります。

　事業には、直轄事業、補助事業、地方単独事業があり、地方単独事業の種別の中には、継ぎ足し、上乗せ、横出しなどがあります。

図表3-1　事務と事業の種別

事　　務		事　　業	
法定受託事務	第一号法定受託事務	直轄事業	
	第二号法定受託事務	補助事業	
自治事務		地方独自事業	継ぎ足し
			上乗せ
			横出し
			その他

30

3. 事務事業の統廃合の新たな仕組みの構築

※直轄事業

国が実施する、道路・河川・ダム・港湾の整備・維持管理などの公共事業。地方財政法により、地元の地方公共団体に費用の一部負担が義務付けられている。

※補助事業

国庫負担金を伴う地方公共団体の事業。

※地方単独事業

地方公共団体が国の援助を受けずに、地域の実情に応じて自主的に実施する事業のこと。住民生活にとって身近な道路、公園などの整備や、街路整備など地域の特性を生かした町づくりに役立つ事業が中心になっている。

※継ぎ足し

自治体の意志に関わらず、補助事業や国や県の直轄事業に伴って発生するもの。補助事業費の単価と実施単価の差額に係わるもの、設置基準を上回っておこなった事業費、補助事業と一体となって行わざるを得ない事業で補助対象から外された事業費など。

※上乗せ

国や都道府県の基準に金額を上乗せして実施している事業をいい、市区町村の負担は、定められた割合に上乗せした分を加えたものとなる。

※横出し

国や都道府県の基準より対象者を広げて実施している事業をいい、市区町村の負担は、対象者を広げた部分となる。

当然、法律・政令に定められたものをやめることを、地方自治体単独で決めることはできません。またそれは、全庁的な事務事業のうち相当数を占めています。それ以外の自治事務の任意のもの、地方単独事業においても、地方自治体の職員は廃止について、困難性が高いことを認識しています。それは、利害関係者が多く、"政治"との関係において、行政だけの努力だけでは、解決できない可能性が高いと考

31

えているからです。先述の"行政評価が形式的になっている"三つ目の理由にもつながるところです。

　民間企業においては、事業の統廃合、新規事業、新分野への進出などを繰り返し、時代に合った事業を推進していかなければ、環境変化への適合や競合との競争の中での維持・成長ができません。そのため、事業の収益性を定点で観測し、様々な対策を講じ、必要に応じて基準値を設定し、撤退、売却、あるいは規模の経済による効率向上をめざした買収による他企業との事業統合などを行っています。これは、当初の思惑のような収益性が上がらない時、収益性が悪くなった時に、どのような状態になれば、どのようにするかを議論しているということです。当然それは、その事業にあった形での指標などを設けているケースが多く、その企業のオリジナルな判断のための手法を考えています。

　様々な行政分野で様々な事務事業がある中、統廃合のための全庁統一基準のようなものをつくっても、既に一定の改善、廃止を行ってきたことから、現在においてこれまでの行政評価では、事業の統廃合は進みにくくなっています。

　ここで、今一度行政評価の目的を整理してみたいと思います。

図表3-2　行政評価の目的

目　的	対　象	成　果
進捗管理	全点？	説明・報告
事業のスクラップアンドビルド	廃止可能な事業	廃止
業務改善	全点？	実効性向上 （実現性・有効性・効率性）

全事務事業を対象として行政評価を実施したとしても、先述のように廃止できないものが存在する中では目的が何になるのかが曖昧になります。住民に対しての説明・報告的な目的で実施しているとするならば、そのことに対して膨大な時間を割くことを本当に住民は求めているのでしょうか。また、事務事業の詳細を把握していない全住民に公表することが必要でしょうか。特に進捗管理を全点で行うと、例えば住民票発行業務のように、住民の請求があってこその業務も発行枚数などの成果指標を設定し、それに対して何枚発行したなど、何の意味もなさない評価を行ってしまっているケースも散見されます。評価を行う上では、そもそもの事務事業名の設定方法、評価をする事務事業の単位、成果指標の設定方法など、様々な面において統一した形での運用がなされないと、説明や報告といった進捗管理にも利用しにくいものとなります。

事業のスクラップアンドビルドを目的としているならば、一体どれだけの量を廃止することを成果として時間を投下しているのでしょうか。また、それならば自治事務や地方単独事業のように、廃止が地方自治体単独で可能なものに限定をして評価をするべきです。

全事務事業の業務改善を目的としているならば、本当に地方自治体の全ての事務事業を毎年業務改善することが可能でしょうか。

このように三つの目的を一つの評価方法を使って行うと、何のための評価なのか、どのような視点で評価すべきなのか、実際に評価を行う職員が迷ってしまっても仕方がありません。結果として、評価そのものが目的となり、形骸化していくことも理解できます。全庁的な制度ならば、多くの職員の時間を投下するため、その目的を明らかにし、目的に合致した成果創出が求められるよう制度そのものを見直す必要があります。

職務増大・職員減少、財政縮小の右肩下がりの時代における地方自

●第3章●事業のスクラップの阻害要因とその対策と実践例

治体では、住民の要望を全て実現することや必要なことを全て継続することは不可能です。事業のスクラップが進まない理由を「政治」や「住民の要望」などの外部要因とすることは容易ですが、一般的に外部要因は地方自治体がコントロール不可能な領域です。

　組織の内部に目を向けて、これまでの行政評価が形骸化してきている中、自分たちが実践すべき統廃合を進めていく新たな仕組みを探求すべきだと考えます。

(2) 事業の統廃合の手法

　次に「どのような手法を用いて」を考えていきます。

　現在、行政評価が形骸化している理由の一つとして、公共サービスの絶対評価の難しさを挙げました。そこで弊社が独自に開発した相対的な評価を提案いたします。それは二段階のアプローチをとります。まず「事業間比較アプローチ」で対象を絞り込み、その後その対象に対して「時間軸比較アプローチ」を行っていく形です。

図表3-3　事業廃止対象決定の2段階アプローチ

事業間比較アプローチ	時間軸比較アプローチ
行政分野内の事業の比較指標を設定して、比較検討を行い、事業廃止の対象事業を絞り込む（優先度を検討する）手法	事業廃止の対象事業として絞り込まれた事業を時間軸（過去、現在、未来）で比較し、事業スクラップの可否を決定する手法

　当然ながら全てに有効な手法はありませんので、上記のアプローチにおいてはメリット、デメリットが存在します。

3. 事務事業の統廃合の新たな仕組みの構築

図表3-4　各アプローチのメリット・デメリット

	事業間比較アプローチ	時間軸比較アプローチ
メリット	行政分野内の事業の全体を見通すことで、評価基準の明確化とその重み付けができる	事業単位で、過去、現在、未来の視点で検討することで、未来志向の事業展開が図れる
デメリット	事業間比較の評価で各事業のめざす方向の違いが多いときは、比較可能な評価基準が設定できない可能性がある	過去の経緯が理解されていないと、過去を過大（過小）評価して、現在と未来の評価に影響を与える可能性がある

　事業間比較アプローチにおいて、もし貴方の職場が、明らかに二つの領域を担当するのであれば、領域ごとに検討することが望ましいと思います。また、明らかに性格が異なる事業を過去の経緯から担当しているケースもありますが、これは除外して検討する方がよいかもしれません。

　時間軸比較アプローチにおいて、職場内に過去の経緯を理解されている職員がいない場合、この検討を行うにあたって異動された過去の経緯を分かっている職員の助けが必要になるかもしれません。それぞれの職場に応じた検討が必要です。

①　事業間比較アプローチ

　まずは「事業間比較アプローチ」について紹介します。

　手順としては、①行政分野内の事業の洗い出し、②評価項目（廃止基準）の設定、③評価項目に基づき評価、④削減率（スクラップの量）の検討、⑤スクラップ候補事業の決定、という流れで進めていきます。

●第3章●事業のスクラップの阻害要因とその対策と実践例

図表3-5　事業間比較アプローチの流れ

手　順	留　意　点
行政分野内の事業の洗い出し	行政分野の事業は漏れなく洗い出されているか
▼	▼
評価項目（廃止基準）	各事業が提供するものが価値的表現で記載されているか
▼	▼
評価項目に基づき評価	評価項目（スクラップ基準）の以外の観点で比較していないか
▼	▼
削減率（スクラップの量）の検討	新たな行政需要に対応するために事業のスクラップ量を考えているか
▼	▼
スクラップ候補事業の決定	全体の分布と評価項目ごとの合計点の差に目を向けているか

　それぞれの工程に留意点があるため、研修で演習を通して学んでいただいたり、職場単位でコンサルタントが関与しつつ整理をしたりしながら、進めています。

　一番重要な点は、廃止の評価基準の設定です。事業の提供している財やサービスから、その財やサービスの提供している価値に目を向けて、評価項目（廃止基準）を考えていきます。価値的表現としては、継続的な安心感や、住民の主体性喚起などになります。その他の評価項目の事例としては、**図表3-6**の通りです。

36

3. 事務事業の統廃合の新たな仕組みの構築

図表3-6　評価項目の事例

評　価　項　目	概　　　説
外部環境（時代の潮流）との適合性	外部環境（時代の潮流など）の変化と合致している
上位方針・政策体系との整合性	トップの公約、上層部の方針及び重点計画などの結び付きが強い
組織能力（潜在的強み）の活用	地域社会や自治体組織が保有する潜在的能力（特に強み）が生かされている
地方政府（自治体）の守備範囲	公共性の高さや外部性や市場の失敗などにより、民間企業などでは適さず
分権時代への対応	分権時代に対応した事業であり、自立性の強化や広域的活動に結び付く
財政危機への対応	当該事業がスクラップされると、財政の健全性に寄与すると考えられる
住民参加・協働への対応	住民自治の視点があり、住民をオーナーやパートナーとして考えている
民主性・公開性の確保	事業プロセス全体から民主性と公開性が確保されている
先駆性・創造性	先駆性や独創性の高さが理解できる
地域性・現場性	地域性が生かされているとともに、当事者意識が感じられる

　また、全庁的な事業の評価基準もあれば、当然ながらそれも考慮することが大切です。

②　時間軸比較アプローチ

　次に「時間軸アプローチ」です。

　手順としては、①事業開始時の評価、②現状の評価、③３〜５年後の評価、④事業開始時から５年後の評価、という流れで進めていきます。

37

●第3章● 事業のスクラップの阻害要因とその対策と実践例

図表3-7　時間軸比較アプローチの流れ

手　　順	留　意　点
事業開始の評価	主体者として、事業目的と利用者の要求をどのように考えてきたか
▼	▼
現状の評価	事業開始時から現状まで、前例踏襲をしていなかったか
▼	▼
3〜5年後の評価	利用者数や要求は、どのように変化するか
▼	▼
事業開始時〜5年後	事業の実効性は高まってきたのか 5年後も継続すべき理由を説明できるか
▼	▼
スクラップの判定	スクラップをしないことの合理性を利用者の意見を踏まえて説明できるか

　こちらもそれぞれの工程に留意点があり、その職場の状況に合わせた形での実施が必要なため、詳しくは紙面の関係上記載できませんが、いくつかポイントをご紹介します。

　事業開始時のことを想定し、「なぜ、この事業を始めたのだろうか？」「そのとき実効性の検討結果はどうだったのだろうか？」「何が実現できたら終了すると考えていたか？」を考え、評価することです。また、「仮に、この事業を実施していなかったとして、私たちは新規事業として行うか？」を考えて評価することです。

(3) 職場での実践

　最後に「誰が行うか」について、考えていきます。

　どのような状況においても100％有効な手法は存在しません。したがって、自職場に合致した事業廃止の方式を考えていくことが求めら

れます。特に単独事業を多く担当しているような部門であれば、年間計画などに定例行事として毎年見直しを検討する場を設定し、職場のメンバー全員が事業廃止の活動に参加して、検討することが重要です。そして、継続的に推進していくためにも、それぞれの職位が明確な役割を担うために、図表3-8のように明示されることが望ましいです。

図表3-8　事業廃止の役割例

職階名	事業廃止の役割
部長級	事業廃止の意思決定
課長級	事業廃止の提言
監督者級	事業廃止に向けた資料作成
一般職	事業廃止に向けた情報収集

「事業廃止」に取り組まなかったときに発生する問題と、そのマイナス波及効果を明確にして、管理職が先頭に立って推進していき、統廃合を進めたことを奨励する風土を構築していかなれば、業務量の増大や環境の変化に対応ができなくなります。

そこで次では、実際立ち行かなくなった状況において事業の統廃合に取り組んだ事例を紹介します。

●第3章●事業のスクラップの阻害要因とその対策と実践例

4. 事業の統廃合の取組事例

　ある市の雇用政策の企画及び事業推進を行っているＡ課の取組事例
をご紹介します。

（1）部門概要

　Ａ課では、五つのラインがあり、主に年代別に就職支援を実施して
います。

　課の庶務・経理、労働団体・関係機関との連絡調整、雇用情勢・動
向の調査分析などを担当する係は、係長１名と担当職員２名。若者の
就職＆Ｕ・Ｉターン就職支援などを担当する係は、係長１名と担当
職員２名。中高年齢者の就職支援などを担当する係は、係長１名、担
当職員１名で、大学生等の就職支援で地元就職の促進などを担当する
係は、係長１名と担当職員２名。高校生の就職支援や技術継承などを
担当する係は、係長１名と担当職員２名で、総括課長以外に１名の担
当課長が大学生等の就職支援で地元就職の促進などを担当する係と高
校生の就職支援や技術継承などを担当する係の課長職を務めるという
構成です。

（2）取組前の状況

　新たな地方創生事業にスピード感をもって対応していくこととして
事業の企画・推進を行った結果、計画性が持てず、場当たり的な対応
になりがちでした。結果、各ライン間で事業が重複をしてしまうこ

40

4. 事業の統廃合の取組事例

とや、恒常的な時間外勤務が発生していました。時間外勤務の実績については、係長が平成26年度実績815時間に対して平成27年度は1,266時間と155%の増加、担当職員は平成26年度実績1,784時間に対して平成27年度は3,708時間と実に208%の増加となっていました。

この団体では、職場単位の業務改善を通じて、職場全体のワーク・ライフ・バランスの推進を図り、子育てや介護、地域活動等を担う職員をはじめ、全ての職員が安心していきいきと働くことができる職場づくりを実現するために、課題の整理と問題点、今後の進め方等についてコンサルタントからの指導・助言を受けて効率的な業務改善をめざす取組を行っていました。

そこで、コンサルタントの指導・助言を課として申し込み、コンサルタントによる指導が始まりました。

(3) 取組概要

弊社で行っている生産性向上の支援の一般的な流れとしては、職場全体でキックオフ研修を受講いただき、取組テーマ設定のためのヒアリングを行って、月1回1.5時間程度のセッションで指導・助言を行うものを合計5回にわたって実施し、最後に全庁に対して取組を参考にしていただくべく取組発表会を実施しています（図表3-9参照）。

A課については、取組前より事業の統廃合を行いたいと取組テーマが明確であったため、キックオフ研修は割愛して、ヒアリングから行っていきました。

ヒアリングを通し、取組テーマとして"事業の統廃合を通して①「時間外勤務の削減」、②「新規事業へのマンパワー＆財源の確保」"の二つを掲げました。その時点のA課は、複数年在籍している職員が多

41

●第3章●事業のスクラップの阻害要因とその対策と実践例

図表3-9　生産性向上の支援の一般的な流れ

キックオフ研修
・職場全体で受講
・生産性向上の取組について全員学習

ヒアリング
・課の概況のヒアリング
・取組テーマの設定

フォローアップ
・1か月に1回のセッションを合計5回程度
・各回では、取組に対する具体的な指導・助言を実施

取組発表会
・取組を行った部署から取組内容を発表
・担当コンサルタントが参考ポイントを解説

かったため、今こそ改革のチャンスと捉え、既存事業の整理を行って平成29年度の予算編成に生かすこと、コンサルタントとのセッションと従前から行っていた会議を合わせて行いなるべく職員への負担を掛けないように進めることとしました。

　成果として、平成28年度では26事業だったものを6事業統廃合し、平成29年度では23事業（うち新規3事業）に削減しました。また、事業の統廃合の効果が出る前の段階で、時間外勤務は係長級で30%、担当職員で43%の削減を実現しました。

　効果として、取組を通じて各ライン間の相互理解が促進され、課内のコミュニケーションの向上につながり、互いにフォローし合う機運が生まれました。

42

（4）取組内容

　まず、事業統廃合の実現に向けて三つの取組を行いました。①施策の体系化、②係横断的な事業の見直し、③ターゲットに対する効果的なアプローチの検討です。

　①施策の体系化では、事業の単発実施ではなく、ストーリー性を持たせて有機的に効果につながるようにしていくことを検討し、各種計画に掲載する成果指標も統一化を行いました。②係横断的な事業の見直しでは、類似の冊子をつくっていないか、類似の契約を行っていないかなどのライン間の重複事業の洗い出しを行いました。③ターゲットに対する効果的なアプローチの検討では、冊子等の紙媒体からソーシャルネットワークシステムへの移行などを検討しました。これにより係横断的な事業の統一、契約の一本化など旧態依然とした手法を変えることで業務量を削減しました。

　次に、事業の統廃合の検討を行いました。流れとしては、①課としての評価項目の設定、②事業間比較アプローチ、③時間軸比較アプローチ、④事業統廃合の行動計画書の策定という形です。

　①課としての評価項目の設定では、事業の廃止判定をする際の評価項目を設定し、全員で共通認識を持ってもらいました。

　②事業間比較アプローチでは、「ⅰ　全事業について、所要時間数と予算額の書き出し」、「ⅱ　①の評価項目に基づき点数化」、「ⅲ　点数の高いものから廃止対象を選定」と進め、理論上の削減数として所要時間2,000時間（一人役）と予算額5,000万円相当を捻出可能となりました。

　③時間軸比較アプローチでは、②で選定した廃止対象事業について、類似事業や類似手法との統合の検討や、廃止するかどうかの詳細の検討を行いました。

●第3章●事業のスクラップの阻害要因とその対策と実践例

④事業の廃止の行動計画書策定では、事業の廃止に向けた行動スケジュールと責任者を明記し、全員で継続して取り組むための工夫を行いました。

この事業の統廃合の検討においては、特に四つのことに留意して取組を進めました。一つ目は「目的に応じた段階の設定、段階に応じた事業仕分け、事業対象者の絞り込み」を行ったことです。例えばステップ１の「知る」という段階においては、"地元企業や当市で働く魅力の情報発信等であること"など、これに類するものを仕分けしたり対象者の絞り込みをしたりし、ステップ４の「就職する」という段階においては、"就職支援窓口での職業紹介の実施"ということに類するものを仕分けしたり対象者の絞り込みをしたりという形です。

二つ目は「効果の程度の設定」です。成果指標と求める状態（効果）の基準を設定しました。

三つ目は「事業継続の見極めの設定」です。具体的には、"効果が出たらやめられるものか、縮小できるものか"、"市が先導して実施するが将来的に民間等に移管等ができるか"、"他の部局で実施しているか"、"期間限定の強化事業か"などの設定です。

そして、四つ目が「景気・雇用情勢に応じて強化すべき方向性と事業の判断基準の設定」です。採用する企業の人材確保の支援については、通常は人材を市外に流出させないこととなりますが、これは不景気になると雇用市場は買い手市場になるため、強化すべきではないとなります。求職者側の支援としては、失業者を減らすために企業への求人の掘り起こしや緊急雇用対策を行うなどですが、これは好景気になると雇用市場は売り手市場になるため、強化すべきではないとなります。そこでその判定として、有効求人倍率を用いて基準とすることとしました。有効求人倍率とは、有効求職者数に対する有効求人数の比率のことで、労働市場の需給状況を示す代表的な指標です。仕事を探す人

44

4. 事業の統廃合の取組事例

ひとりに対し、何人分の求人があるかを示す指標です。1を下回れば、「求人数不足」を意味します。この有効求人倍率0.8を境目に、それより上がれば雇用市場は好景気として、企業の人材確保支援を強化し、0.8を下回れば雇用市場は不景気として求職者支援を強化するという基準をつくりました。

(5) 成果・効果

　成果は先述の通りで、26事業を6事業統廃合し、23事業（うち新規事業3事業）に削減して、所用時間2,000時間（一人役）の時間削減と5,000万円相当の捻出が可能となりました。

　また、事業の統廃合とは別に、時間外勤務が多かったため、毎日の終礼を通した残業と休暇の見える化及び情報共有を提言し、定時退庁の意識付けと習慣化を促進。また、情報共有の場を持つことで職場のコミュニケーションの活性化によりチーム全体での助け合いが生まれました。契約事務やその他の業務改善も相まって、先述の通り時間外勤務が係長級で30％、担当職員で43％も削減されたのです。

　地方創生の推進などによって膨れ上がった事業を、係を超えて課全体で、統廃合の手法を用いて、基準や運営のためのルールをつくって取り組んだ事例を紹介しました。

　ポイントとしては、「①事業廃止の具体的手法の提示をしたこと」、「②事業廃止を実現していくためのアドバイスを行ったこと」、「③組織全体での取組となるように、全体会議の場面とコンサルタントの指導の場面を統合して運営を行ったこと」、「④課としての年間計画の作成を行ったこと」の四つです。

　環境や時代背景に合わせた事業運営ができるよう、事業の統廃合に職場全体で取り組み、その結果として課内の相互理解と助け合いが生

45

●第3章● 事業のスクラップの阻害要因とその対策と実践例

まれたという好事例です。

　ぜひ、皆様の職場でも職場全体で、このような取組を行っていただくことを提案いたします。

第3章　事業のスクラップの阻害要因とその対策と実践例 まとめ

- ●行政評価の目的・対象・成果を確認し、評価やシートの作成における時間の投資に見合った成果は何かを考え、評価を行う目的に沿ったものへ見直す時期にある
- ●現在の事務事業における絶対評価の困難さを直視し、相対的アプローチで事業廃止の対象事業を決める手法で、職場に応じた評価基準で評価をすることが必要
- ●事業の統廃合においての職位ごとに役割を決めて、職場全体で年間計画として取り組み、環境や時代背景に合わせた事業運営が行える仕組みづくりが必要

第4章

地方自治体の長時間労働の原因と対策

●第4章●地方自治体の長時間労働の原因と対策

1. 地方自治体の生産性向上の阻害要因

　弊社がこれまでコンサルティングを通じて職員の方からヒアリングした地方自治体の労働生産性向上の阻害要因は、代表的なものとしては、定期的な職員の異動による生産性の低下、効率性追求による一人一担当制によるチームワークの欠如、事業の統廃合が進まない、度重なる制度改正の対応に追われるなどですが、大別すると次の三つに要約できます。

> ①　戦略的要因
> ②　管理的要因
> ③　業務的要因

(1) 戦略的要因

　戦略とは、端的に表現すれば選択と集中です。

　目の前のことを行うことは仕方がありませんが、選択するとは何かをしない決定をすることです。何でもするだけの時間と予算がないわけですから、必然的にしないことを意思決定しているのですが、その領域を増やしていく必要性があるにも関わらず、予算がないなら職員が行うといった選択をするなど、選択と集中の方向性を正しく設定できていないため、あれもこれもの総花的な事業推進となり、一つひとつの生産性が上がらない状態となるのです。

　自組織の事業の使命と役割の変遷、制度的特徴と制約、事業の流れ

48

と役割、他都市（類似規模）や平均との比較、短期的課題と中期的課題など、しっかりと分析をして、自組織の事業をどのようにしていくかの方向性を示さないと、常に目の前の仕事を一生懸命追いかける形になるわけですが、それには限界があります。

（2）管理的要因

　管理的要因は、職場マネジメントの欠如が代表的なものですが、例えば繁忙期と閑散期のコントロール不足や、担当を超えた協力支援体制をつくるチームワークを発揮させていないなどです。

　特定の事務事業を一人の職員が担当している一人一担当制は合理性の追求の結果だとは思いますが、これは組織としては機能しておらず、違う事務事業を行う集団であって、チームワークを発揮していません。一人当たりの時間は、寝食取らずとも週168時間しかないわけですから、時間を有効活用にしていくには、チームで仕事をすることで、1＋1を2以上にする組織運営をしていくことが求められます。仕事が増えれば、誰かが担当するだけでチームとしての助け合いがないと単純にその分、生産性が落ちるわけです。

（3）業務的要因

　業務的要因で、最も代表的なものが、異動の際の引継ぎによる生産性の低下です。それ以外にも、先に触れた度重なる法改正への対応、窓口対応の多様化などがあります。

　定期的な異動そのものの話ではなく、引継ぎ方に問題がある場合が散見されます。ある一定期間担当した職員はその仕事において当然ながら熟達をしたわけですが、その仕事のやり方を新たに着任する職員

に引き継ぐに当たって、改善して引き継ぐことができていないケースが往々にしてあります。せっかく培った知見が生かされないため、また一から業務を覚えて遂行していくので生産性は一旦落ち、恒常的に生産性が上がっていくことがありません。

(4) 業務の特性

業務的要因について、もう少し深堀りしていきたいと思います。

仕事には、いくつもの呼称があります。例えば、事務事業、事業、業務、庶務のような形です。単純化するべく、大きく仕事と括り、その中に、事業と業務があるという形で整理します。

図表4-1

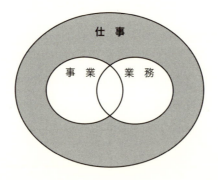

事業と業務の違いは、本書を手に取っていただいている方ならばイメージできると思いますが、明確に法等では定義されていません。正解があるわけでないものの、ここでは整理をしやすくするために、事業と業務の違いを図表4-2のようにまとめてみました。

1. 地方自治体の生産性向上の阻害要因

図表4-2　事業と業務の違い

事　　業	業　　務
マニュアルがある場合が少ない （非定型）	マニュアルがある場合が多い （定型）
既存と新規が混在	既存が主
事業目的を達成する手段 （工程の組合せ）について検討する	手順や方法が固定化され、 業務目的を意識することが少ない
抜本的見直し可能 ほかの代替案が中心課題	抜本的見直しの可能性は低い 改善が中心課題
評価基準が明確な場合が多い	評価基準が曖昧な場合が多い

　このように特性の違いがあるわけですから、仕事の進め方、引継ぎ方にも違いがあってしかるべきです。更に、特性ごとに整理をすると、その仕事の定型性が高いか低いか、または仕事を行うタイミングについて自身でコントロール性が高いか低いかの二軸で捉える考え方もできます。

図表4-3　仕事の特性の四象限

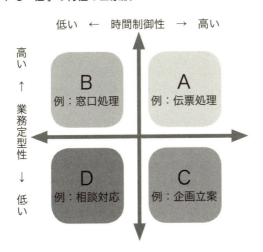

　地方自治体の仕事には、実に多くの種類があるため、その特性に合わせた生産性を考える必要があります。

2. 阻害要因における対策の概要

(1) 戦略的要因

　地方自治体における戦略は、めざす地域社会のための事業戦略として基本構想・基本計画、それを実現するための組織の戦略として行財政計画大綱、その組織を構成する職員の育成の方向性として人事戦略の人材育成基本方針があります。

　その全庁的戦略に基づいてそれぞれの戦略が局、部、課などの組織単位で策定されており、名称は方針や目標などありますが、皆様の職場ではいかがでしょうか。

図表4-4　戦略の体系

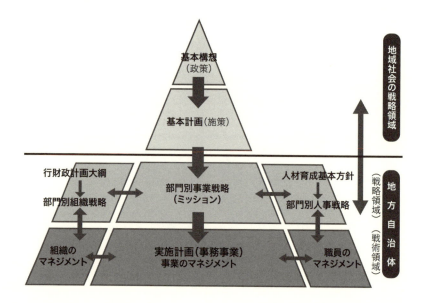

2. 阻害要因における対策の概要

　全庁的に組織目標などの、組織単位の目標などを設定されている団体が多いですが、職場単位のコンサルティングでは、担当者から「どの方向に向かっているのか分からない」とか「課としてどうしたいのか分からない」といったようなことをよく耳にします。ただ、管理職の方に伺うと、設定しているし、課員にも伝達しているとおっしゃいます。なぜ、このようなことになるのでしょうか。

　それは、組織の重点事業の目標の羅列のようなものになっている、組織で行う事務分掌のような表現になっている場合があるためです。これでは、何に選択と集中をするべきか、課員全員が理解するのは難しく、結果として目の前の仕事に一生懸命とならざるを得ない状態になるわけです。「すべきこと」＝「めざすこと」ではないことはお分かりいただけると思います。事務分掌のような表現は、まさしく「すべきこと」の表現です。

　何を優先するのか、その判断基準となるのが戦略であり、それは組織の最小単位であれば課の組織目標に当たりますが、何が正しい組織目標なのかを示されていないことで上記の状況が生まれる原因となります。

　例えば、「ごみの排出量を10％減らす」という目標と、「資源ごみのリサイクル率を10％向上する」という目標とを比較すると、何をやるべきかが変わってくることはお分かりいただけると思います。「環境基本計画の実現」という目標であれば、これは"すべきこと"ですよね。

　以前であれば、例えばトイレの水洗化のために下水道工事をするにあたって、地域ごとに整備をされてきていたと思いますが、特定の地域から早くしてほしいと陳情を受けた場合、もう少し待ってくださいと言って、数年後に実施ということもあったかと思います。

　今では、その地域に新設をすると今後の維持費も含めて多大な費用

53

が掛かるため、実施自体を見合わせることがあり得ます。コンパクトシティの推進は、誤解を恐れず表現すれば、今後積極的に整備しないところを決めることです。何をするかを決めることは、裏をかえせば何をしないかを決めることでもあり、職場の一人ひとりがそうした同じ意識をもって日常業務に当たれるようにしていくことが重要です。

一人ひとりが違う事務事業を担当しているワーキンググループではなく、同じ目標に向かって、その課の使命（組織目標）の実現に向けてチームワークを発揮させるために、メンバー全員が腑に落ちる組織目標を設定し、組織一丸となって取り組むようにしていくことが求められます。

行政マネジメント研究所では、主に新任の管理職の方々向けに、組織目標の設定方法の研修を行っています。事例を示してほしいとの依頼をよくいただきますが、それぞれの団体を取り巻く環境や、組織のこれまでの変遷など、様々な変動要素があるため、正しい設定方法を学び、自組織の現状と未来を考えた目標を設定し、組織一丸となって生産性の高い事務事業を行って、その目標が達成されるようPDCAを回していくことが必要です。

民間企業は競合他社の戦略を参考にして戦略を設定するのではなく、自分達は何をなすべきかを考えるために競合他社の戦略を調査します。自組織の事業の使命と役割の変遷、制度的特徴と制約、事業の流れと役割、他都市（類似規模）比較や平均との比較、短期的課題と中期的課題など、しっかりと分析をして、自組織の事業をどのようにしていくかの方向性を決めることが求められます。具体的な手法については、前掲『即！職場で実践できる自治体マネジメント』に記載がありますので、ご参照ください。

2. 阻害要因における対策の概要

（2）管理的要因

① 管理監督者の業務量の増大

　絶対量として、管理監督者のマネジメントが足りていると答える職場は少ないと思います。それは、地方自治体だけではなく、民間企業も同じです。真の問題は何なのでしょうか。

　一つには、現在管理監督者になっている職員が一般職員時代の管理監督者が置かれていた状況と明らかに異なる状況に置かれていて、今の時代のマネジメントのあり方のロールモデルが不足していることが挙げられます。管理監督者に求められていたマネジメントの水準や具体的な行動が、これまでと現在またはこれからは明らかに異なっていると言えます。

　ハラスメント、メンタルヘルス、ミス防止、公務員倫理の徹底、個人情報取扱の厳格化など、挙げればいくつも出てきますが、これらは管理監督者級の研修の科目によくあるものです。これらは時代背景の中で厳格化が進んでいますが、当然全て重要なことで手を抜けるものではありません。その他にも、管理監督者の自部門のマネジメントを行う以外に時間が奪われている代表的なものを以下に記載します。

ⅰ　会議の多さ

　基礎自治体に多いですが、組織横断的事業が増えていることから、ともすると管理職は会議だらけで、組織運営の改善に対しての時間の捻出が難しくなっています。例えば、障がい者に関することは、子どもも青少年も高齢者にも該当し、引いては職場にも該当しますので、障がい福祉に関する部門は、会議に追われています。声が掛かるため仕方がないとも言えますが、自部門の長としての時間を捻出するため

55

●第4章●地方自治体の長時間労働の原因と対策

に、会議に出ない判断が時には必要です。資料の共有だけで済ませられるものは資料のみとし、会議に参加して判断すべきことは出席をする。会議は共有のものが非常に増えているため、自部門の事務事業に直接的に関わらないもので、判断する場でなければ、基本資料の回覧にするなどです。

ii 照会事務の多さ

事業の組織横断化にも関連しますが、行政職の一人一台パソコンが当たり前になり、庁内照会が容易になったことから、逆にその回答に時間を要する状況が生まれています。簡単に照会依頼ができるようになったのであれば、照会も簡素化のためITの活用をすべきです。例えば全庁的なファイルサーバーに回答用ファイルを保存しておき、該当部門が記載をして、該当なしの場合、なしとの記載をするなどです。各省庁、都道府県からの照会に加えて、基礎自治体はそれぞれの行政分野別の基本計画の進捗管理の照会など、不要な業務ではありませんが、効率的に行い、本務への時間を捻出するなど、現在の状況に合った組織運営方法を新たに構築していくことが求められます。

iii 全庁的制度

平成26年度に人事評価制度の導入が義務付けられました。管理職が一次評価者となっている団体が多いですが、職員数が多い団体では監督職が一次評価者になっているケースも多いようです。評価そのものに対してよりも、期首・期中・期末面談を職員数が多い職場で運用すると、全員の面談が終われば、また次の面談となっていることも耳にします。人事評価制度自体が悪いわけでも、評価面談が悪いわけでもありません。話を生産性に戻せば、掛けた時間に対して、人事評価制度の第一義的な目的でもある人材育成につながっているかという点

2. 阻害要因における対策の概要

が問題です。先述の行政評価も同様で、全庁的な制度として職員の時間を掛けるのであれば、それに対しての成果・効果をしっかりと出すような運用が求められます。逆に言えば、成果・効果をしっかりと出せば、運用の時間を短くしてもよいわけです。

このように、やるべきことが増えている中、監督職級は事務事業の担当もしており、昨今課長級ですら担当をしていることは珍しくありません。いわゆるプレイングマネジャーです。プレイヤーとしての時間は優先的に行わざるを得ないとは言え、一方ではマネジャーとしての時間を確保し、やるべきことを明確化し、職場の問題をもぐらたたきのように対処していくのではなく未来に向けて課題を設定し、その解決の先頭に立つこともまた求められています。マネジメントの活動は、全ての組織や職場に必ず存在する四つのモノ「戦略（進むべき方向）」「事業（仕事）」「職員（構成員）」「組織（仕組み）」に対して働き掛ける活動です。

図表4-5　マネジメントの活動領域

マネジメントの対象	マネジメントの活動領域
戦略（進むべき方向性）	戦略のマネジメント
事業（仕事）	事業のマネジメント
職員（構成員）	職員のマネジメント
組織（仕組み）	組織のマネジメント

マネジメントの四つの活動領域である「戦略」「事業」「職員」「組織」のうち、「戦略」については、先述の通りです。以下では、「事業」「職員」「組織」の三つの領域についてのマネジメントとしての対策の概要を記載していきます。

●第4章●地方自治体の長時間労働の原因と対策

②　事業のマネジメント

i　仕事の特性に応じたマネジメント

　仕事の特性を「定型性」と「コントロール性」の二軸で表した四象限の図（P51、図表4-3）を思い出してください。それぞれの象限に対して特性があり、その特性にあったマネジメントが必要です。

　四つの象限ごとの例を記載します。

図表4-6　四象限の特性に応じたマネジメント

◆A象限の特性（時間制御性：高い業務／職務定型性：高い）

目標設定	生産性・効率性に注目して、目標を設定する
計画立案	作業時間を分析し、事務改善を図り、念入りなスケジュールとその共有を行う
実　　施	入念な作業準備から開始する
評　　価	目標達成と同時に、前年同月と比較し、前進するようにする

◆B象限の特性（時間制御性：低い／職務定型性：高い）

目標設定	顧客の求める価値を先取りして、目標を設定する
計画立案	顧客の声なき声を改善に取り入れる フォーメーションのプランニングを行う
実　　施	フォーメーションのルール化とその訓練（多能工化※が前提）
評　　価	目標達成と同時に、顧客の視点（外部評価）からの評価を行う

※多能工化
　一人が一つの職務だけを受け持つ単能工に対し、一人で複数の異なる作業や工程を遂行する技能を身につけたことを「多能工」と呼び、そのように教育、訓練を行うことを多能工化と呼びます。

2. 阻害要因における対策の概要

◆C象限の特性（時間制御性：高い／職務定型性：低い）

目標設定	仕事の目的と真の顧客の期待に注目し、目標を設定する
計画立案	手順と手順ごとの評価基準、中間目標と前倒し期限の明確化
実　施	集中タイムの活用と過剰品質を注意する
評　価	中間評価の頻度を高め、早めの対応で期限を前倒しで必達する

◆D象限の特性（時間制御性：低い／職務定型性：低い）

目標設定	顧客の求める価値（特に充足度）に注目して、目標を設定する
計画立案	カテゴリー別の手順設定、１件当たりの許容時間設定、活用可能なリソースの確認
実　施	相手の真意を明確化し、達成基準と最短ルートを探し出す
評　価	目標達成と同時に、職員満足度、成長の度合いを評価する

　もちろん職場の中には、様々な種類の仕事が存在し、どれかの象限に偏っている職場もあればそうでない職場もあると思います。大事なことは、特性に合わせたマネジメントが必要であることを認識し、今のマネジメントのあり方を見直す必要があるかを点検してみることです。

ⅱ　異動による生産性のダウンを防ぐ

　先述したように、地方自治体では、人から組織、組織から人に引継ぎがなされず、担当から担当に引継ぎを行っているのが実情です。そのような中、昨今異動のタイミングが早くなったということをよくお聞きします。

　これまでのやり方に不具合があってもそれを改善して引き継ぐことができていないと、恒常的に生産性は上がりませんし、異動のタイミングが早いとそれはいっそう顕著になります。管理監督職は、職員の

●第4章●地方自治体の長時間労働の原因と対策

異動を見越した業務の引継ぎの準備を日頃から行っていくよう指導していくことが求められます。

iii　効率性追求による一人一担当制の弊害

専門性の高い仕事のため、担当以外の職員が分からず、繁忙期であっても助け合えないことから、繁閑の差など、業務の平準化が進んでいない職場が多いです。

イベントの準備や運営などでは助け合っていることはこれまでも多かったと思いますが、イベント事以外には、日頃の事務事業で助け合うための仕組みを構築していないことが原因となり、結果一人ひとりがいつも忙しい状態になっています。管理監督職が先頭に立って、チームとしての仕事となるようにその仕組みを構築していくことが求められます。

iv　窓口（電話）対応の高度化

昨今、窓口の最前線は、非正規職員や委託会社のスタッフが担当することが多くなりました。一定の専門性が必要になる窓口対応において、窓口に来られる方々やその要望などは多様化しているため、クレーム対応は日常的になっています。

クレームに対しての根本的対策を講じないことで、都度発生する事案の対応に追われてしまい、特に監督者級は予定していた自分の仕事を後回しにせざるを得ません。

どのようなクレームが増えているのか、件数や内容を分析し、その根本的対策として、人材育成の仕組みや案内方法の工夫など行って、発生要因を減少させる上工程の対策が求められます。

③ 職員のマネジメント

i 若手職員の育成

　団塊世代の大量退職に伴って、昨今新規採用職員数が増えています。団体によっては、新規採用職員が配属される定番の部門が存在しており、毎年のように受け入れと社会人１年生としての指導、業務の教育と負担が多いものです。また、そのような職場に限って、教えるのは入庁３年程度の職員など、その職員も教育するには十分な能力が備わっていないケースも存在します。

　このような職場は、主に業務マニュアルなどを見て行える定型的な業務であるからこそ、若手職員の配属が定常化しているのですが、この弊害として仕事の管理、考え方などの基礎的能力が向上しないことが挙げられます。仕事の目的から、目標を考えて、成果、効果を設定し、具体的な手順を導いて、結果と成果、効果を照らし合わせて、手順そのものに問題があったかどうかを反復し、よりよい手順にして、成果、効果を効率的に創出していくというものが基礎力です。

　業務を通して、この基礎力が身に付いていくような仕組みづくりが、管理監督者の職員のマネジメントとして求められます。

ii 仕事ができる人への重要な仕事の依頼

　どの世界においても、“仕事ができる人”に仕事が集まるものです。貴方の職場はいかがでしょうか。重要度や緊急度を鑑みて、誰に担当をさせるべきかを判断するのは管理監督者の重要な仕事です。“できる人”に仕事を依頼すれば、その人は更に経験を積み、更に成長していきます。しかしそれは一方で、できない（比較論であってその人そのものが、仕事ができないわけではありません）人に対しての機会損失と捉える必要があります。適材適所という言葉がありますが、でき

る人にやらせることが適材適所ではありません。バランスよく、できない人にも機会を与えて成長の支援を組織全体でカバーすることが求められます。

④　組織のマネジメント

　事業を多く実施する部門に限らず、一人ひとりの職員が違う事務事業を担当している職場の方が多くなっていると思います。これは、いわゆる分業化で、合理化の手法です。

　ただし、一人ひとりの中でやり繰りをするしかない形であれば、繁忙になった際に助け合いが行いにくいという弊害があります。俗に言う"隣の人は……"状態です。これは課として、係として同種の仕事をしているワークグループのようなもので、チームワークを発揮できていません。

　では、チームで仕事をするとは、どういうことでしょうか。

ⅰ　一つの仕事を工程に分けて分業化する

　特定の工程を分け合う形で、その特定の工程は、当該事務事業の専門性が比較的必要でないものに限ります。全員が課または係の全ての事務事業の専門性を高めるのは、異動がある地方自治体においては困難です。したがって、比較的専門性の低い工程に限ってとなります。

　そのためには、分け合うための工程を割り出している必要があり、分け合うタイミングが話し合われていて、分け合った結果、総時間が短くなっていることが想定されるものです。加えて、分け合った結果、成果や効果が高くなっていることも忘れてはいけません。

　こう記載すると、いわゆる作業のようなことに感じられるかもしれません。作業においては、既に非常勤職員や嘱託職員などに手伝ってもらっているかと思います。ここで言いたいのは、作業についてはで

きていなければ直ぐにでも着手していただきたいのですが、不得手な部分を補完するということです。例えば、セミナー等をよく行う部門で、そのセミナーの告知・集客のためのチラシを制作する工程があると思います。予算削減の中、専門的企業に委託せず、職員がソフトウェアを使いながら、作成することも多いでしょう。しかし、そのデザイン、タイトルの部分のキャッチ、本文に行くまでのリード文など、この部分が得意な人と不得手な人がいると思います。もしその担当が不得手ならば、ある日時を指定して、皆で意見出しをするという工程を入れることです。不得手なことを、一人悶々としながら行うことは非常にストレスです。それをチームで助け合い、知恵を得て、その人が次にはその知恵を生かせるようになることで、その人の能力は向上し、生産性も上がります。

「困った時は助け合う」。そんな当たり前のことが、一人一台パソコンになってから、その人が困っているのか、忙しいのか、どのような状態なのか、分かりにくくなりました。助け合いを促すのは、管理監督者が率先して行っていくべき仕事であり、組織全体のマネジメントと言えます。

ⅱ　組織のタイムマジメント

上で述べた工程を分けて分業化するところで触れた、分け合うための工程の割出、分け合うタイミングの話し合いについて、もう少し掘り下げていきます。

それは、組織のタイムマネジメントです。

まず、「分け合うための工程の割出」です。それぞれの職員が担当する業務について、**図表4-7**のようにやるべきことを書き下している状態をつくり出します。

●第4章●地方自治体の長時間労働の原因と対策

図表4-7

大項目	中項目	小項目	開始時期	終了時期	所用時間
・・・	・・・	・・・	・・・	・・・	・・・
・・・	・・・	・・・	・・・	・・・	・・・
・・・	・・・	・・・	・・・	・・・	・・・

　コンサルティングの場面で、どのレベルまで書き下していくかという点をよく質問を受けますが、その工程が2時間以内でできるレベルまで掘り下げていくことが望ましいです。段取りが上手な職員がこの書き下しの作業を実施すると、実に丁寧に順を追って書いていきます。逆に、段取りが比較的上手ではない職員が実施すると、粗い工程を三つか四つ書くだけで、筆が止まってしまいます。つまり、何をするべきかをイメージできていない状態です。その職員にこれで以上ですかと問うと「できることから順にその状況に応じて実施をしている」ともっともらしい回答をされるのですが、コンサルタントとしての視点では、段取りができていないので、手戻りやミス、過剰品質を生んでしまう原因になっていると考えます。

●業務設計シート

　この書き下しのためのツールがあります。業務設計シートという名称のもので、複雑な仕事の目的手段関係を、体系的に整理することができ、複数の人間が仕事を生産性高く遂行し、最も好ましいチームプレイを行うための、極めて有効なツールとなります。弊社で行う研修や、コンサルティングでは、よくこのツールを用いて実際に担当する業務を書き下してもらっており、多くの職場で活用いただいています。

2. 阻害要因における対策の概要

業務がブレイクダウンされた状態で仕事に取り掛かる習慣が定着した職場では、優秀な人材は、そうでない人材がうまく役割を果たせないときに、その役割のどの部分を支援すれば業務全体がうまくいくのかを理解することができて、支援することが可能になります。引き継いだばかりであればある程度仕方がないことではありますが、一度書き下しておけば、引継ぎの際もこの書き下したものを見れば、段取りのイメージができます。つまり、引継ぎにも役立つのです。

先のツールの活用によって、個々の業務を生産性高く遂行することはできるようになったとして、まだそれだけでは不十分です。つまり、「分け合うタイミングの話し合い」です。ベテランでも新人でも、それぞれが担当する業務においてこの業務の書き下しのツールを作成し、その中でその週もしくは２週間程度の間に実施する工程を管理監督者に提出します。それによって管理監督者は、メンバー一人ひとりの仕事の概要及びそれに要する所要時間を把握することが可能になります。したがって、何か問題が発生して相談があった場合、前後の状況をそのツールを用いれば理解できるため、状況把握の時間が短縮され、的確な対応が可能になります。また、全メンバーにおける一定のスケジュールを把握しているからこそ、他の職員のヘルプのための支援に振り向けることもスムーズにできます。大切なのは、これを発生した時に活用するのではなく、定例的に全員で確認する場を設けることです。チームとは、チームの目標に対して、メンバーが機能的に協働できる組織です。協働をしていくためには、何を期待されているのか理解するための情報が必要です。ただ助けてほしいとしても何を助けてほしいのか、いつ助けてほしいのかが分からなければ助けようがありません。したがって、全員で自身の業務の状況を共有して、助けてほしいこと、その場面を出し合って、皆で協働を進めていくことを管理監督者がリードするのです。その場面を週に１回としている職場

65

●第4章●地方自治体の長時間労働の原因と対策

もあれば、2週間に1回としている職場もあり、その職場が担当する業務の特性に応じて設定することが望ましいです。ただ、あまり長いタームよりも短いタームにして確認することで、確認のための時間も短くて済みます。

　チームでの協働を行って、チーム全体の生産性を向上させていくためのツールとルール、つまりは仕組みづくりが必要です。第5章では実際に取り組まれた事例を紹介し、事例とともに更に詳細に記載しますので、ぜひ職場の中で取り入れていただきたいと思います。

(3) 業務的要因

　先述の業務の特性で、四つの象限を紹介しました。その四象限ごとのタイムマネジメントで押さえるべきポイントを記載します。

図表4-8　タイムマネジメントにおける四象限ごとのポイント

◆A象限　事例（会計部門）〈コントロール性＝高い・定型性＝高い〉

個　　　　人	組　　　　織
1．スケジュールと締切りの明示 2．優先順位を緊急度と優先度で考慮 3．バイオリズムに合わせた集中時間の確保 　・10：00～12：00 　・14：00～16：00	1．組織全体の年月日のスケジュール化を行い、管理の一体化を図る 2．5S※を重視 3．タイムマネジャーを決める

※5S
　職場管理上徹底されるべき行動・状態を表現した言葉の総称で、整理（Seiri）・整頓（Seiton）・清掃（Seisou）・清潔（Seiketu）・躾（Situke）の頭文字5つのSをとったもの。

◆B象限　事例（住民サービス部門）〈コントロール性＝低い・定型性＝高い〉

個　　　　人	組　　　　織
1．隙間時間を有効活用 2．1回当たりの反復時間の目標設定 3．正しい作業方法・知識の体得（習慣化）	1．多能工化 2．マニュアル・情報整備 3．専門化・業務量による人員配置

2. 阻害要因における対策の概要

◆C象限　事例（企画部門）〈コントロール性＝高い・定型性＝低い〉

個　　人	組　　織
1．重要度（高）と緊急度（低）の基本原則を理解 2．目的と手段の明確化 3．中断されないように先手を打つ	1．情報共有・進捗管理の強化 2．会議の効率化・ルール化 3．効果・成果重視の職場運営

◆D象限　事例（福祉部門）〈コントロール性＝低い・定型性＝低い〉

個　　人	組　　織
1．1件当たりの上限時間を定める 2．合理性の探求 3．セルフコントロール	1．現場情報データベース化 2．負荷平準化、見解の統一化 3．外部との連携、協働の探求

　これについても、どれかの象限に偏っている職員もそうでない職員もいると思います。大事なことは、特性に合わせたタイムマネジメントが必要だということです。今のタイムマネジメントのあり方を見直す必要があるかをぜひ点検してみてください。

(4) 情報通信技術の活用による効率化

①　ICTの活用

　ICTは「Information and Communication Technology（インフォメーション　アンド　コミュニケーション　テクノロジー）」の略語です。日本では「情報通信技術」と訳されていて、情報処理や通信に関連する技術、産業、設備、サービスなどの総称です。

　地域課題の解決に資する住民サービス向上で、ICT利活用の取組は全国で進んでいます。総務省が地方自治体に参考となるよう、「医療連携・遠隔支援」「救命救急支援」「健康維持・促進」「生活支援・

67

自立支援」「子育て支援」「安心・安全・見守り」「防災情報共有」「地域活性化」と事業テーマ別に事例をまとめて紹介をしていますので、ご関心がある方はぜひご参照ください。

　働き方改革の一環としてのICTの利活用には、タブレット端末を利用した効率化や、テレワークがあります。行政マネジメント研究所で受託している研修では、受講者がタブレット端末を用いて、ペーパーレスで研修を実施するものがあります。受講者にとっては、紙に印刷されたものにメモをとって受講したいと思われる方も多いと思いますが、研修担当部門のテキスト印刷・製本等の手間が省けて効率化につながるほか、当然ながら紙と印刷代の削減につながります。

　また、タブレット端末ではありませんが、パソコンを利用してペーパーレスで会議を実施する団体もあります。ときに参考資料を含めると膨大な量になることが多い会議資料は、その会議を主催する側も参加する側も資料の印刷などに多くの時間を割いていることもあり、当然ながらコスト削減にも地球環境にもよいことですので積極的に進めていくべきでしょう。

　しかし、幹部陣のITリテラシーが高くないことが多いため、紙がよいと反発を受けて、全庁的な会議体でなかなか進んでいないことをお聞きします。筆者は、10年以上前から手帳を持たず、ノートも持たず、全ての情報をパソコンで管理していて、スマートフォンでも見られる状態にあるため、どこにあったか、どこに書いたか、何をするべきかなどを一元管理されている状態から、紙の状態に戻ることはもうできません。最初は不慣れなのは誰でも一緒なので、何か試験的にタブレット端末などを用いたり、ペーパーレスの会議を実施したりしながら、徐々に全庁的に広めていけば、いずれITリテラシーの高い世代が多くを占める時がやってくるのですから、直ぐにでも始めるべきです。

　テレワークには、勤務する被雇用者が行うテレワークと、個人事業

2. 阻害要因における対策の概要

主・小規模事業者等が行うテレワークとがありますが、本書は地方自治体の組織の働き方改革がテーマなので、前者を取り上げます。

被雇用者が行うテレワークは、大きく区分すると「①在宅勤務」「②モバイルワーク」「③施設利用型勤務」の三つがあります。総務省が全国の地方自治体を対象に実施したアンケート調査結果によると、テレワークに関わる取組に関心を持っている地方自治体を含めるとその割合は半数を超えており、テレワークに関心を持っている地方自治体が少なくないことが分かります。

図表4-9　地方自治体におけるテレワーク実施、普及に関わる取組の状況（全体・自治体区分別）

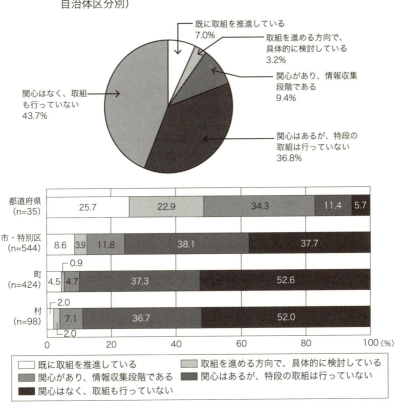

出所：総務省「地域におけるICT利活用の現状に関する調査研究」（平成29年）

● 第4章 ● 地方自治体の長時間労働の原因と対策

　地方自治体がテレワークに関して実施している、または関心を持っている取組の内容を見ていくと、すでに取組を推進している自治体では約4割が「他地域の企業を対象にサテライトオフィスの設置を誘致」しており、サテライトオフィスを利用した地域の雇用創出のためにテレワークを活用しようとする動きがあることが分かります。

図表4-10　地方自治体において実施している、または関心のあるテレワークの取組の内容

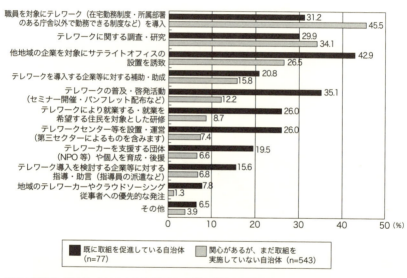

出所：総務省「地域におけるＩＣＴ利活用の現状に関する調査研究」（平成29年）

　一方、テレワークに関心はあるが、まだ取組を実施していない地方自治体においては「職員を対象にしたテレワーク」の回答率が45.5％と最も高い結果となっています。職員を対象としたテレワークを既に導入していると回答した地方自治体は24団体で、回答全体の割合としてはおよそ2％と非常に少ないのが現状です。その背景には、地方自治体職員の業務にテレワークに適したものがないと思われていることや、職員がテレワークをする上で必要なセキュリティの確

2. 阻害要因における対策の概要

図表4-11　地方自治体におけるテレワークに関する取組の上での課題

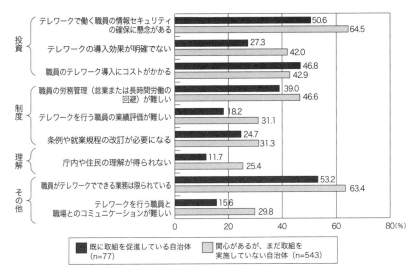

出所：総務省「地域におけるICT利活用の現状に関する調査研究」（平成29年）

保等に課題を感じていることがあると考えます。

　様々な情報を取り扱う地方自治体の職員が、いつでもどこでもその情報を閲覧、保存できる状態にある端末を持ち運んでも問題ないようにしていくには、それ相応のセキュリティ対策が必要になります。庁舎内でいるときと同じ情報を閲覧して仕事ができるようにするには、たくさんのハードルがあります。特に住民や企業の個人情報を多く取り扱う部門であれば、かなりハードルが高いでしょう。加えて終業時間管理も複雑になり、テレワークを行う職員向けの新たな人事管理の制度も必要になるでしょう。

　民間企業では、その労働の時間に対価が発生するようなコールセンター業務や、入力を主に行う業務など、成果がはっきりしている営業部門やクリエイティブ部門などの導入が先行していますが、当然ながら管理部門のような重要なデータを扱う部門はハードルが高いです。

●第4章●地方自治体の長時間労働の原因と対策

　地方自治体は、多くの職場が重要なデータを取り扱っているので、そのデータの漏えい等を防げるようなセキュリティ対策を万全に施して全庁的に取り入れるというのは、それぞれの部門ごとのハードルがあるためなかなか困難です。それぞれの部門のハードルを越えてでも導入のメリットがあれば導入は進むと思いますが、現在時点でのテレワークは、それを利用する人にとってのメリットが高いので、全庁的なことを考えて判断する首長や幹部陣からすると当然のことながら優先順位が下がります。

　2017年6月に決定された「女性活躍加速のための重点方針2017」では、2020年までに国家公務員が必要な時にテレワーク勤務を本格的に活用できるようにするための計画的な環境整備を行うとともに、リモートアクセス機能の全府省での導入を行うとしています。同様に地方公務員のテレワーク導入についても「テレワークの活用により多様なワークスタイルを実践している地方公共団体の取組事例等の収集・提供を行い、各団体の取組を支援する」とされていて、今後公務員にもテレワークの導入が進んでいくとは思いますが、予算的な問題もあるため導入には時間が掛かるでしょう。

②　人工知能（ＡＩ）の活用

　昨今、人工知能（ＡＩ）の活用は、様々な場面で見聞きするようになりましたが、地方自治体でも導入に向けて動き出しています。

　三菱総合研究所が2016年9月に約1か月間、川崎市、掛川市と協力して「ＡＩによる住民問合せ対応サービス」の実証実験を行いました。詳細は、一般社団法人オープン＆ビッグデータ活用・地方創生推進機構のホームページまたは株式会社三菱総合研修所のプレスリリースに記載がありますので、関心がおありの方はご覧ください。

　また、2017年2月には千葉市がＡＩを利用した道路管理システム

2. 阻害要因における対策の概要

の実験を実施、さいたま市ではＡＩによる「保育施設の割り振り」を決める実験を始め、大阪市では2018年3月より戸籍関連業務でＡＩを職員支援に活用する予定です。前述の千葉市の東京大学生産技術研究所との共同研究では、道路の損傷具合を自動的に診断する「マイシティーレポート」というシステムの実証実験を行い、インフラ整備にＡＩを取り入れる動きもあります。

　ただ、これも先進的に実証実験をしたものが導入されて、他の地方自治体に広がりを見せるにはそれ相応の時間を要すると考えます。それは使う方の地方自治体が、ＡＩの活用で何ができるかのイメージが持てていないこともありますし、一体どれぐらいの時間とコストを要するのかも分かりかねる部分があるからです。つまり活用する側のスキルとコストの問題です。また、提供するベンダーもボランティアではできないため、商売として成り立つのかという点がクリアにならないとサービスとしてどこまで普及していくかが読めません。

　しかし、確実にＡＩの活用は進んでいきますし、国も積極的に後押しをしていくと考えられます。やはり今後のＡＩの活用は注目していく必要があるでしょう。

③　ＲＰＡの活用

　人工知能（ＡＩ）とともに注目度が高いのがＲＰＡです。安部慶喜著『ＲＰＡの威力』（日経ＢＰ社、2017年）によると、「ＲＰＡとは『Robotic Process Automation』の略で、英国のロンドン・スクール・オブ・エノミクスのレスリー・ウィルコックス教授らが命名したと言われています。従来は人間のみが行うことができると考えられていた作業を代行するもので、高度化するソフトウェア、及びそれらを活用した業務改革手法とされています。仕組みとしては、『パソコン上で人間が行っている様々な操作をロボットが記憶し、人間に代わって自

73

動で実行する』というふうに説明することができる」とあります。

　ＡＩ、ＲＰＡのいずれも、膨大なデータを圧倒的な正確性とスピードで処理してくれる点では同様です。ＡＩは、大量のデータを学習・解析し、人間が定義できないレベルのことをＡＩ側が定義できるというところが強みですが、100点満点の成果を上げるようになるまでには時間が掛かり、その分、費用も掛かります。しかも、ＡＩが出した答えがなぜそういう答えになったかというロジックが見えにくいようです。

　それに対してＲＰＡは、人間が決めたルールどおりに動作するので、そのルールの範囲においては100％正しい結果を出してきます。今、求められているのは、自分たちが決めたルールの中で100％間違わずに、人間よりも早く処理をしてくれる仕組みです。地方自治体の仕事においては、いわゆる抽出する、突合する、特例のものを洗い出すなど一定の単純な作業などが大量にあるため、投資対効果を考えた場合はＲＰＡの方が有効活用の幅が広いかもしれません。

　そのような意味から、地方自治体の働き方改革に対しての情報通信技術の活用という点では、タブレット端末、テレワーク、ＡＩの活用より、ＲＰＡの方が向いていると感じませんか。地方自治体の仕事は、100％の正確性を問われるものが多いことや、一定の単純な作業が大量にあるからです。

　日本では、三菱東京ＵＦＪ銀行、日本生命といった大手金融業や、先進的なメーカーが導入しています。金融業は、部署が縦割りになっていて、部署が違えば書類を介してやり取りする業務が多く、回覧して押印をする文化であるため、地方自治体の業務においてもこの点においては似通っています。本書を執筆している段階においては、まだ事例がないようですが、一般社団法人日本ＲＰＡ協会は2017年11月に「行政・アカデミア分科会」の活動として、自治体や中央省庁など行政関係機関の業務の効率向上を支援する「ＲＰＡ行政支援プログラ

ム」を発表しました。自治体を支援する「ＲＰＡ自治体支援プログラム」と、中央官庁を支援する「ＲＰＡ中央官庁支援プログラム」とで構成されていて、研修環境と試用環境は、短期間の場合は無償で提供されるようです。ＲＰＡ自治体支援プログラムは、地方自治体の業務に関して、ＲＰＡ導入による業務効率向上を図るため、特に人材育成の面から支援し、地域の教育機関の学生や教職員による地域行政への参画、地域のハブとなるＲＰＡ拠点の構築など支援を行うようです。このＲＰＡは、地方自治体での導入は間近であると感じますし、多くの作業の効率化に貢献してくれる日も近いと感じます。

④　効率化のための情報通信技術活用の取組

　一方で、ＩＣＴを活用する場合には、度重なる制度改定に対して、効率化のためにシステムを改修し続ける必要があります。合わせていかないと、システムで対応する部分と人で対応する部分とで、どうしても人で対応する部分が多くなります。システムの利用度合いを高めて、人が関与しなければならない部分を極力少なくしていくことが望まれます。

　しかし、現実的にはＩＴリテラシーの高い職員が在籍していることの方が少ないため、できるかもと思いながら、進められていないことが多いようです。ＩＴリテラシーの高い職員、例えばマクロを組むことができる、長い間システム部門に在籍した、などの職員でチームを組み、各部門のＩＴ化できることを提案し、構築していくというプロジェクトを展開することを検討いただいてはいかがでしょうか。

　筆者は以前システムエンジニアを経験していたことから、職場単位の生産性向上のコンサルティングの場面でも、工程の洗い出しをしている中で、ＩＴ化のヒントが浮かんでくることが少なくありません。ＩＴの知識が乏しい職員が考えても難しいとは思いますので、知識が豊富な職員でチームを組み、行革部門の支援として展開してみてはい

75

●第4章●地方自治体の長時間労働の原因と対策

かがでしょう。これは確実に成果が出ると思います。

　昨今ソフトウェアのユーザビリティは向上し続けていて、操作性や汎用性が高いものが次々と出ています。当然ながら費用対効果を考える必要がありますが、システムの改修、ＩＣＴの利活用で人が関与する部分をできるだけ少なくし、人的エラーの削減、省力化による他の業務への人的工数の移管を実現できることはまだまだ存在していますので、積極的に推進していただきたいと思います。しかし、ＩＣＴの利活用が目的ではなく、あくまでも仕事の効率化、コストの削減、業務品質の維持・向上の三つの目的を果たす、全体の最適化の視点が必要です。そのための出発点としては、"仕事の見える化"が何より必要です。この点については、第5章で詳しく触れていきます。

　まずは、一人ひとりが担当する仕事においてもっとＩＣＴの利活用や自動化することができないかを日頃から整理しておき、管理監督者がそれを取りまとめ、管理部門が全庁的にそれをまとめ上げてヒアリングをして、幹部職員を交えて全庁としての優先順位をつけ、予算化し、着実に効率化を図る仕組みをつくることが望まれます。

第4章　地方自治体の長時間労働の原因と対策　まとめ

- 自部門の生産性向上の阻害要因は何なのかを整理して、本質的な取組を行うことが働き方改革につながる
- 管理職は戦略的要因の点検、管理監督職は管理的要因、担当職は業務的要因が何なのかを見極めて、その解決の手段の一つとしてＩＣＴの利活用を考え、しかし一方ではＩＣＴの利活用が目的化しないよう留意すること
- 地方自治体の職場は、様々な行政分野と様々な事務事業があるため、特性に応じたマネジメントを行い、職員が異動しても後戻りしていかないよう、ツールとルールをつくる仕組みづくりが必要

第5章

働き方改革の実践例

●第5章●働き方改革の実践例

　先述した通り地方自治体には、様々な行政分野と様々な仕事が存在していて、特性も異なります。したがって、全ての仕事に通じる"これさえやれば解決する"という魔法の手法は、残念ながら存在しません。もしそのようなことを言うコンサルタントがいれば、地方自治体の職場の実態が分かっていないと言えるでしょう。したがって、これから紹介する実践事例の中で、状況や特性的に似通っているなどの要素に注目して、参考になりそうなものに取り組んでいただくことを推奨します。

　本書で紹介する事例は、以下の七つです。

（1）大所帯で様々な仕事を担当している職場（起きていることを把握する）

（2）チームで同種の業務を行っている職場（よりよいやり方を見つける）

（3）季節性があって一定時期繁忙になる職場（細分化して協力する）

（4）新規採用職員や若手職員が多い職場（育成を計画的に行う）

（5）少人数の職場（緻密な助け合いの仕組みをつくる）

（6）正解のない、考える業務が多い職場（知恵を共有する）

（7）一人ひとりが全く違う専門性の高い職場（一次対応を助け合う）

　担当業務の類似性ではなく、上記のような状況や特性を重視していただき、一つでも皆様の職場の状況や特性に合致しているものがあれば、参考にして職場で実践いただきたいと思います。

1. 大所帯で様々な仕事を担当している職場

ここでは二つの職場の実践例を紹介します。

一つは、戸籍、住民基本台帳、印鑑登録、諸証明に関する業務を担うA課です。もう一つは、ごみ・資源物収集、ごみの受入・処理、ごみ処理施設の維持管理等を担うB課です。

(1) A課の実践例

① 部門概要

市民課などの名称で、基礎自治体であれば必ず存在する課ですが、このA課は、課長以下8ラインあり、本庁舎以外に六つの出張所など出先機関があって、常勤50名、再任用職員や非常勤嘱託職員など非正規の職員を含めると124名とかなり大所帯の職場です。先述の通り、戸籍、住民基本台帳、印鑑登録、諸証明に関する業務を担っています。

② 取組前の状況

これだけの大所帯ともなれば、様々な問題があって、これまでも様々な業務改善等の取組を行っていました。当然ではありますが、改善はあくなき追及であって、改善してもまた新たな問題が発生するものです。特にマイナンバー制度の施行によって、業務負荷が増えていて、そのような中で、市民の最初の顔である部門として、よりよいサービス提供をどのようにしていくかが課題でした。

●第5章●働き方改革の実践例

　また、類似規模の団体で窓口の業務委託が行われていて、今後の組織のあり方という点についても検討すべきことが山積みの状態でした。

③　取組概要

　めざした状態は二つで、一つ目が「市役所の顔であり、市の印象を左右する最前線であるＡ課で、来庁者に満足して帰ってもらう状態」、そして二つ目が「来庁者の満足度を上げることで職員の満足度も上げるとともに、問題意識の共有に努め、働き方の見直しにつなげる」ことでした。

　具体的に取り組んだことは四つで、「レジカウンター前のレイアウトの変更」「窓口での案内の工夫」「手続完了までの目安時間を視覚的に伝えるシートの作成・表示」「窓口での事務フローの標準化」でした。

　成果や効果は後ほど記載します。

④　取組内容

i　取組当初

　取組前に課長にヒアリングをしたところ、「非正規・正規、一般職・監督職に関わらず、それぞれに想いはあるものの、大きな組織なだけに意識の差やズレがあるため、可能な限り皆を巻き込んで、円滑に窓口サービスを提供できるよう改善活動を行っていきたい」という想いがありました。また、これまでも改善できることは改善をしてきたという認識もあり、また新たな取組をしていくに当たっては、意識の統一が必要であると考え、正規職員のほぼ全員が一堂に会して、初回ミーティングを実施しました。

　初回ミーティングでは、班に分かれて、各係長からこれまで行ってきた改善活動と今抱えている問題について発表をいただきました。そ

図表5-1　問題と課題の違い

問　　題	課　　題
・強風で看板が落ちた ・受付窓口が混んでいる 顕在化（認知） ↓ あるべき姿が明確 ↓ 定常復帰型問題解決	・安心安全な建造物は ・好感を得られる受付窓口は 潜在化（未認知） ↓ あるべき姿が不明確 ↓ 課題創造型問題解決

の後、担当コンサルタントがファシリテーターになり、各班で"起きている事実"、"その原因"、"放置した場合の影響"の洗い出しと検討を行っていただきました。

　ここで一つポイントがあります。職員の方々から現状をヒアリングさせていただくと、よく問題と課題を混同してお話しになることがあります。

　図表5-1の通り、問題は「強風で看板が落ちた」や「受付窓口が混んでいる」のように、誰しもが認知できるもので、「落ちた看板を元に戻す」や「受付の混雑を解消する」のようにあるべき姿が明確なものです。つまり定常に復帰するものです。これと比べて、「安心安全な建造物とは何か」とか「好感を得られる受付窓口は何か」のように、明確に認知しているわけでなく、あるべき姿が不明確で、この状態からどこをめざすかを決めていくのが課題です。つまり課題は、今よりよりよくしていくために、自身で設定するものです。

　問題と課題を混同して洗い出しを始めると、整理が付きにくいことはご理解いただけると思います。「お昼前になるとレジカウンター前に行列ができる」ということと「レジカウンターでのクレーム発生件数を減少させる」ということが洗い出しに出てきた場合、一見同じように思えますが、「レジカウンターでのクレーム発生件数を減少させ

●第5章●働き方改革の実践例

る」ということが入ると、問題の本質を確認しないまま、いきなり解決の手段に目が行きます。問題の本質を確認するステップを飛ばしてしまうと、何をすべきかが変わってくることが理解できると思います。したがって、"起きている事実"と"その原因"から確認をしていくことがポイントです。

先に記載したように課長から「可能な限り皆を巻き込んで」ということと、「それぞれに想いはあるものの、大きな組織だけに意識の差やズレがある」という二つのことから、まず問題の本質を確認して、共有することが重要と考え、ほぼ全員で"起きている事実"と"その原因"を確認したことが、後からのアクションを決めるうえで重要になってくるのです。

ここでは、班形式で全員が付箋を使って"起きている事実"を書き出し、班のメンバーから紹介をしながら大きな模造紙に貼りつけていきました。思いついた順にバラバラと話す形で進めると、発言が少ない人の声を拾えません。全員で事実確認をするというステップを重視し、個人単位で付箋紙に洗い出して、それを全員で共有して、分類する一手間が必要だったのです。そして、模造紙に貼り付けた付箋紙を全員で分類化していき、分類したものについて、その事実が起きている原因を考察していきます。全てのことに手を出す余裕はないので、優先順位付けをするため、"起きている事実"に対して"放置した場合の影響"を考察します。そして影響度の高いものに対して、その原因を整理し直します。

結果として、多くの問題が挙げられた中で、窓口で待ち時間等におけるクレームを受けることは職員の不安につながり、職員が不安を持ったまま応対すると来庁者も不安を感じ、双方ストレスになってしまうため、「窓口業務における来庁者・職員の不安」を一番の課題に取り上げ、これを払拭していくことに取り組むこととなりました。そ

82

してその原因は、以下の四つに整理されました。

（ア）レジカウンター前に行列ができる

（イ）証明発行窓口において案内に抜け漏れが出る、待ち時間の明確な案内ができないことがある

（ウ）住民異動／戸籍届出窓口において待ち時間が一定でないため、お伝えした時間以上に待たせることがある

（エ）交付までの処理過程で、担当する職員ごとに差異があり、必要以上に待たせてしまうことがある

ⅱ　具体的な取組

（ア）レジカウンター前に行列ができる

「行例ができる」→「来庁者が待っているというプレッシャーを職員が感じる」→「交付の際に他の手続きのことなどの質問を受けることが多く、その応対で更に待ち時間が長くなり、待っている方のイライラが募る」→「更に早くしてほしいというプレッシャーを感じる」という流れで、行列により来庁者と職員の双方が不安や不満を感じていることが多いという状態でした。

　待合用の椅子があるにも関わらず、レジカウンター前に立って待っている来庁者が多い状態で、その周りに次の人が立つと、少しずつその人数が増えていき、レジカウンター前に立って待っている来庁者が増えて、職員と対面的な位置になり、実際見ているかどうか別として、職員の動きをずっと見られているような感じであったため、職員は常に待たれているプレッシャーを感じる状態にあったのです。

　そこで、待合用の椅子があるにも関わらず、なぜその椅子に着座して待たないのか、立って待っていても発行が終わる順序は待っている順序とは別であることは認識しているはずであれば、椅子に着座しにくいような配置になっているのでないかという仮説が立ちます。よく

83

図表5-2　改善前

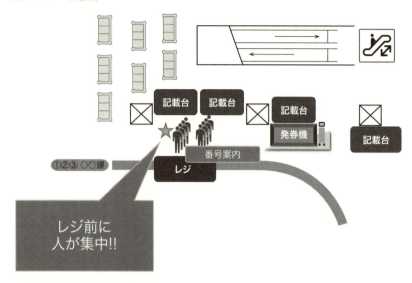

　観察すると、レジカウンター前に立って待っているのではなく、レジカウンターにある待ち札の番号案内が待合用の椅子に座ると見えにくいことに気付きました。これが直接的な原因です。こうなるともちろん対策は、番号案内が見えるように椅子の配置を変えるということになります。改善前と改善後は、図表5-2・5-3の通りです。

　（イ）証明発行窓口において案内に抜け漏れが出る、待ち時間の明確
　　　 な案内ができないことがある

　（ウ）住民異動／戸籍届出窓口において待ち時間が一定でないため、
　　　 お伝えした時間以上に待たせることがある

　駐車場が1時間無料となる減免機が設置されていて、その減免処理を行わなければならないこと、また1時間以上は有料になっていたため、来庁者が減免処理を行わなかった場合や、1時間を超えて有料になるとクレームにつながっていることが頻繁に起きていました。

　駐車場の減免機の場所やその手続きを確実に案内しておけば一定程

図表5-3　改善後

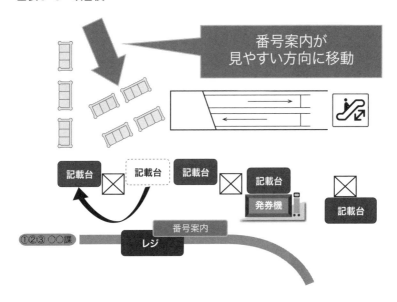

度は防げるはずですが、案内の抜け漏れが起こっていたため、クレームになっていました。また、待ち時間の案内が統一的ではなかったため、来庁者が勝手に待ち時間を想定し、それを超えるとイライラされ、更に1時間を超えてしまうと駐車場が有料になることで、クレームにつながりがちでした。そこで、まず職員から案内の文言を集めて整理し、使用場面ごとに文言を分類したシートを配布し、案内をできるだけ統一化しようと試みました。

　しかし、ここに落とし穴がありました。1か月後せっかくつくったシートは活用されなかったのです。実際に案内する非常勤の職員からは、「パターンが多く覚えられない」、「自分なりのやり方がある」、「相手の理解度に合わせて説明する必要があるので統一的な形は難しい」などの意見があり、実際に案内は統一化されていませんでした。

　これは、問題の本質まで掘り下げず対策を講じた際の典型的な失敗事例です。案内に抜け漏れが発生すること、案内が統一化できない理

●第5章●働き方改革の実践例

由は何なのかをもう一段階掘り下げて考えてみると、窓口で対応している非常勤職員の声を聴いてみようとなり、そこで統一化しようと思うがどうかと聞けば、同じように「覚えられない」「自分のやり方の方がよい」「いろんな来庁者がいる中で統一化しても理解してもらうことの方が大事」などの意見が出たことでしょう。そうすれば、統一化するという選択肢は取らなかったはずです。

　話を戻して、問題は何かというと、案内ができていないことによる来庁者の不満であり、それを可能な限り確実に伝えるのが対策となります。口頭での対応でそれに確実性を持たせるには、人と人という場面に応じた対応が求められる仕事においては難しいので、何か追加での方策がないかという方向で考える方がよいでしょう。結果としては、視覚で伝える方向へ転換し、目につく場所に掲示物を貼りだすことにしました。実際には、記載台に置いたり、カウンターに置いたりして、必ず目が行く場所に配置したのです。

　来庁者がいちいち職員に聞かなくても分かるようにすること、職員が聞かれたら掲示物を指して説明することで理解をしていただきやすくなること、職員の説明にバラつきが出ないようにすることの三つの目的を果たすことにつながり、写真やイラストなどを用いて、分かりやすい案内をする工夫へと発展していきました。

　（エ）交付までの処理過程で、担当する職員ごとに差異があり、必要
　　　以上に待たせてしまうことがある

　対応する職員によって受付から発行までの処理手順に差異があり、そのことに起因して受付時に確認すべきことの抜け漏れが発生し、手戻りが生じていました。そうすると書類の発行に掛かる時間が長くなり、必要以上に来庁者を待たせてしまい、不満となってクレーム発生の原因につながっていました。これには、毎年のように入職、退職、異動による窓口担当職員の変更と、業務量増加による指導・教育時間

1. 大所帯で様々な仕事を担当している職場

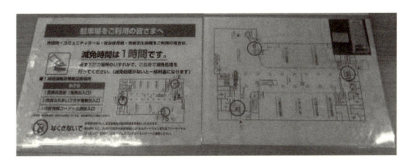

手続き内容	受付完了後からの待ち時間(目安)
住所異動届出 (転入、転居、転出、世帯変更等)	30分～60分
戸籍届出 (転籍、婚姻、出生等)	40分～60分
住民票・戸籍・印鑑証明等	10分～20分
印鑑登録	15分～30分
通知カード裏面記載	10分～15分
住民基本台帳カード、 マイナンバーカード手続	20分～30分 ※内容によりご自身による端末操作 (暗証番号入力)等を含む

■実際の待ち時間が、この表よりも
　長くなる場合がございます。
■同時に複数の手続がある場合は、
　(例：婚姻届と転入届と住民票請求)
　それぞれの待ち時間の合計が
　目安の時間となります。
■お手持ちのスマートフォンでQR
　コードをスキャンすることで、手続
　状況を確認することも可能です。
　詳しくは職員へご質問ください。

　　　　視覚で伝える工夫を凝らした案内例

●第5章●働き方改革の実践例

図表5-4　標準フロー

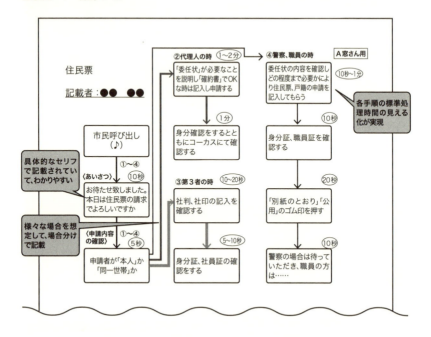

が十分に確保できていないという背景がありました。

そこで、標準とする手順とその平均処理時間を整理し、それを示して実施できるようにしていくという方向で取組を行いました。まず受付から発行を担当している非常勤職員に対して発行までの各手順と平均処理時間を書き出してもらって、それを集約し、標準となるフローを作成する流れで進めました（図表5-4）。

ここでポイントがあります。十分でないにしてもある一定の指導・教育を受けて業務に当たっていながら、自分なりのやり方をしていて、担当する職員ごとに差異があったわけです。自分なりのやり方をしているという自覚がある場合と無自覚な場合の程度の差はあれども、手順に差異があることについて、正しい認識をしていかないと、標準を示しても結果はまた同じことになる可能性があるのです。

お気付きでしょうか。標準となるフローを決めるというプロセスを担当している非常勤職員に決めてもらうことです。実際に差異を生んでいる職員がその差異がどのようなものか、そしてどのやり方の方がよいのかを自らが考えて決めるというプロセスが必要なのです。そうでなければ経験年数が浅い職員以外は、標準型と示したものに対してやらされ感が出て、自分なりの創意工夫をしていくという自主性を奪い、ロボットのように決められたことをしておけばよいという形に受け取られかねないのです。

実際には、集約していく中でいくつかのパターンがあることが分かり、そのパターンを示し、担当する非常勤職員で標準型を検討してもらいました。

⑤　成果・効果

具体的に下記四つのことに取り組みました。

（ア）レジカウンター前のレイアウト変更

（イ）窓口での案内の工夫

（ウ）手続き完了までの目安時間を視覚的に伝えるシートの作成・表示

（エ）窓口での事務フローの標準化

（ア）レジカウンター前のレイアウト変更

効果検証の仕方についても検討し、よく混む時間帯である11時と15時の1日2回、レジカウンター前で立っている来庁者数の人数を計測することにしました。その結果、改善前は10名前後だったものが、改善後では1名程度まで減ったのです。これは激減と言えるでしょう。このことによって、立って待っている来庁者の視線が減り、職員のプレッシャーに感じることが減って、ストレスが軽減したのです。

●第5章●働き方改革の実践例

　（イ）窓口での案内の工夫

　（ウ）手続き完了までの目安時間を視覚的に伝えるシートの作成・表示

　（エ）窓口での事務フローの標準化

　こちらの効果検証については、時間に関する問い合わせ・クレーム件数をカウントすることにし、担当職員が集計表に都度つけていくことにしました。その結果、取組から3か月間のクレーム減少率が89％と、これも激減しました。こちらも、クレームが減少したわけですから、職員のストレスが軽減したと言えるでしょう。

　先に記載したように、課長はこの取組に対して「非正規・正規、一般職・監督職に関わらずそれぞれに想いはあるものの、大きな組織なだけに意識の差やズレがあるため、可能な限り皆を巻き込んで、円滑に窓口サービスを提供できるよう改善活動を行っていきたい」という想いがありました。実際に多くの職員がこの取組に参加して、以下のような意見が出ました。

　・職員・フロアマネージャー・非常勤職員間で意見交換を行うようになった

　・本庁と出張所間の窓口業務の一体感が増した

　・非常勤職員に自信が芽生えた

　・各個人の具体的な受付手順や時間の見える化を通じて自分事として捉える意識になった

　・来庁者目線でのサービス提供を行うことで、職員の気付きが多くなり、意見が出るようになった

　問題に対して直ぐに対策を打つことは決して悪いことではありません。スピーディーに行動していくことはとてもよいことです。しかし、大所帯で嘱託、非常勤、再任用、正規職員と様々な形態で働く職場においては、まず問題意識の共有が重要です。そして改善活動に関わっ

ていきながら、自分事として捉えてもらうようになり、その改善結果をしっかりと効果検証して共有することで、更に活動が促進します。一部の前向きな職員でプロジェクトとして進めていくことを否定しているわけでありません。組織全体で仕事をしている部門こそ、意を一にして立ち向かうと大きな力となるため、雇用形態や職位などが様々であっても意を一にすることに時間を惜しまないことです。

(2) B課の実践例

①　部門概要

　主に、ごみ・資源物収集、ごみの受入・処理、ごみ処理施設の維持管理を行っているB課は、昨今委託化が進んでいますが、生ごみと燃やせないごみは直営で、大型ごみと資源物収集業務とごみ処理は委託で行っています。正規職員111名、再任用・非常勤嘱託職員等が44名の総勢155名の大所帯の職場です。そのうちパッカー車に乗ってごみ収集を行っている技能労務職は100名強という構成です。

②　取組前の状況

　ごみの取り忘れ、ポリバケツ等の取り違え、パッカー車の運転や住民との応対に対する苦情、集積場所での鳥獣害など、毎日多くの電話があり、課長としては技能労務職のサービスレベルの向上が必要だと考えていました。

　ごみの収集業務は、月・火・木・金が生ごみで、水曜日は燃やせないものとなっており、域内を分割して毎日収集がある状態でした。祭日出勤した場合は、1日に休める人数が限られているため、原則時間外対応となっていて、時間外が恒常的に多い部門でした。財政的な負

担を減らすことから、年に1回は振替を取るようにしていました。また、水曜日に手がすくので、班をつくって、車の修理、点検、施設関係、倉庫関係などの業務を行っていました。パッカー車が47台もあって、実際は休日に出勤して対応している状態でしたので、サービスレベルを向上していくための取組自体が、職員の負担にならず且つ時間外での実施以外に、サービスレベルを向上する案がないと考えていたところで、取組がスタートしました。

③　取組概要

めざしたのは、職員全体で自主的に問題解決を図る仕組みができている状態でした。具体的に取り組んだことは、「多くの電話がある内容をまず集計してどのような内容が多いのかを把握すること」、「集計されたものを会議体で共有し、改善の方向性を確認」、「職員全体で共有して、改善の検討をできる仕組みづくり」の三つでした。取組の結果としては、「収集時の問い合わせ件数が、集計開始当初から80％の減少率で電話対応の時間が減少」したこと、「全戸配布をしている"ごみと資源物の分け方・出し方"の有無の聞き取りを行って、ごみの分け方・出し方における問合せに対して、正確且つ効率的な案内方法を確立」したこと、「具体的な問題を話し合うことで苦情等の発生件数が減少し、職場全体で問題意識を育むことができた」ことでした。

④　取組内容

ⅰ　取組当初

取組前に課長にヒアリングしたところ、厳しい財政状況において、パッカー車の新車購入ができない、また職員数を増やせない状態では、収集業務とそれに付随するパッカー車の整備点検業務等のシフトだけでも時間外勤務となっている現状から、収集業務に当たっている技能

労務職のレベルアップは、時間外等を利用するなどして研修を実施するしか方策がないとの考えでした。確かに、ぎりぎりの人数で定めたスケジュールで域内を安全且つ確実に収集していくことが最優先の中で、その業務においても時間外が発生していては、そのような考えで当然という状況でした。

せめて時間外での研修とならないように、燃やせないごみの収集日である水曜日のうち、第5水曜日においては収集をしないとすれば、その日を活用できるという案をお持ちでした。しかし、既に年間スケジュールは確定して全住民に広報している状態においては、改定するには来年度以降になることから、今年度取り組めることを探そうという結論になりました。ただ、何をやるにしてもその時間の捻出が難しい状況でしたので、月1回2時間のコンサルティングの時間を使って、具体的な取組内容を検討していこうということになり、まずは収集時のトラブルをテーマとして挙げていく中で、トラブルの種類・件数並びに地区の傾向が分かる集計をしてみることとなりました。

ii 具体的な取組

監督職の職員が、**図表5-5**の通り集計表を作成し、1か月未満サンプル調査した結果を基に、集計していく要素と、集計の方法を検討しました。

そして議論をした結果、電話を取る担当者が集計のための日々付ける表と集計表を完成し、次回のコンサルティングまで集計をしてみることになりました。その結果が**図表5-6**になります。

● 第5章 ● 働き方改革の実践例

図表5-5　苦情・相談対応集計表

集積場所

平成29年6月1日～6月23日
担当者：

日付	地区	ごみ	資源	区分				内　容
				新設	移動	利用者	その他	
6/5		○					○	利用者以外の人のポイ捨てにより、啓発シールが貼られたごみの対応に苦慮している
6/7	●●	○						6/7不燃ゴミ収集日に分別されていないゴミが大量に出された←環境指導員（●●）よりまず調査し、状況により対応を検討する ※当日、担当教員が収集時に調査・確認を行ったが、回収可能と判断し全て回収（分別があいまいなゴミ）
6/8	●●●	○						カーペットが出され啓発を行ったところ、引き上げられたが一週間ほどして再提出された（担当職員より） ※再度啓発をお願いした・A-5-31
6/16	●●	○	○				○	自宅前が集積場所になっているがルールが守られていない。注意できないか（自分が注意するのはいやだ） ※環境指導員に相談し対応する（啓発看板作業）
6/16	●●	○	○				○	可燃・不燃の集積場所にプラのみ出したい（近くの資源物拠点がプラ収集の際手狭になる） ※資源物については全ての品目を同一の拠点での回収としている。例外はない。回収組合との契約の為、とお答えした
6/22	●●●		○					6/21（水）衣類・布類回収日に毛布を三枚束ねて出したが回収されなかった。現物は自宅に引き上げた。出し方に問題はなかったようなので資源組合に伝えたが個人宅への回収はしていないとの事でセンターでの対応とした（回収済）
6/22	●●	○						未分別の袋を回収してほしい
							○	通りすがりに出される不適切排出の対応は

94

1. 大所帯で様々な仕事を担当している職場

図表5-6 類型別苦情・相談対応集計表（7月分）

平成29年7月18日
※「正」の字をご記入ください

①要因

住民	ルール違反	出すべき日に出していない	9				
		出すべき場所に出していない （不法投棄・ポイ捨てを除く）	6				
		出してはいけないものが出されている （処理困難物）	8				
		時間が守られていない	2				
職員	車	車の移動時に関すること	0				
	収集	住民とのやり取りに関すること	1				
		取り忘れ（後出し以外）	5				
		取り違い（ポリバケツ等）	1				
鳥獣害		カラス等集積場所での被害	2				

②問い合わせ

住民	種類・出し方について	234				
	出す日について	8				
	出す場所について （新設・移動等を除く）	22				

③要望

住民	収集方法について	3				
	収集場所について	8				

「種別・出し方について」追記欄

「出す日について」追記欄

「出す場所について」追記欄

● 第5章 ● 働き方改革の実践例

　住民からのクレームについては、働き方改革という観点から、住民側の問題の集計は最低限にして、職員側の問題をもう少し正確に把握できるように、内容の記録を取ることにしました。
　問い合わせにおいては、住民からのごみの種別・出し方における問い合わせの件数が1か月弱で200件超と多いことから、更に詳細を把

図表5-7　類型別苦情・相談対応集計表

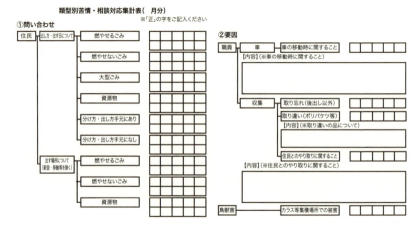

1. 大所帯で様々な仕事を担当している職場

握するため、ごみの種別「燃やせるごみ」「燃やせないごみ」「大型ごみ」「資源物」のどの部分だったのか記録をすることとしました。また、市のホームページや"ごみと資源物の分け方・出し方"を全戸配布していますが、問い合わせ件数が多いことから、まずは"ごみと資源物の分け方・出し方"が手元にあるかないかを聞き出して、手元にあるのに電話をしているのか、探さずに電話をしているのか、全戸配布をしているがなくなっているのかなど、状況を記録することにし、今後の改善点を明らかにするために集計も行いました。

その集計表は**図表5-7**の通りです。

これとは別に、住民から相談や要望で対応に時間が掛かるものにおいては、今後の職員の異動や案件対応のノウハウ蓄積を考え、発生場所や、対応内容などの**図表5-8**のような記録票を作成することにしました。

図表5-8　苦情・相談報告書

<table>
<tr><td colspan="4">苦情・相談報告書の作成</td></tr>
<tr><td colspan="2">市民相談・要望・苦情・報告書　　年　月　日</td><td colspan="2">(2)対応</td></tr>
<tr><td colspan="2" align="center">班名　　　氏名</td><td>1次対応者</td><td>2次対応者</td></tr>
<tr><td colspan="2">(1)内容</td><td rowspan="3">対応内容</td><td></td></tr>
<tr><td>連絡者氏名</td><td>住所</td><td></td></tr>
<tr><td>発生場所</td><td>TEL</td><td></td></tr>
<tr><td rowspan="3">詳細</td><td rowspan="3"></td><td>原因</td><td></td></tr>
<tr><td>対策</td><td></td></tr>
<tr><td>備考</td><td></td></tr>
</table>

97

●第5章●働き方改革の実践例

　集計の仕方は、これらを一旦固めた上で一定期間集計し、その状況によって改善の方策を考えていくかたちにしました。

　記録票については、発生と対応結果を監督職以上の職員が知ることによって今後の対応の質や速度の向上につながるよう回覧し、その後、地区別にファイリングして保管場所を決め、保管しておくことになりました。これによって、個人の対応情報が組織の情報として蓄積され、改善の質や速度の向上につながっていきます。

　苦情や問い合わせの集計については、一定期間集計した結果から、その情報に基づいて改善案を検討することが可能になりました。

　大型ごみの回収については、委託業者が直接受ける電話番号があるにも関わらず、電話が掛かってきている件数が非常に多いことが分かったため、要因を検討しました。全戸配布をしている“ごみと資源物の分け方・出し方”の表紙に「大型ごみ等予約専用ダイヤル」と赤字で大きく記載している割には電話の件数が多かったのですが、一番上にＢ課の番号の記載があったので、最初に目につく番号に電話を掛けているのではないかと仮説を立てて、来年度の“ごみと資源物の分け方・出し方”では、番号の表記方法を変更することにしました。

　具体的な苦情については、当然のことながら直ぐに対応をしますが、記録としても残し、グラフ化して収集業務にあたっている技能労務職員の控室に貼り出すことにしました。

　一番目に付くところに掲示したため、職員も気にして見るようになりました。

1. 大所帯で様々な仕事を担当している職場

図表5-9　ごみの出し方等の問い合わせ関係

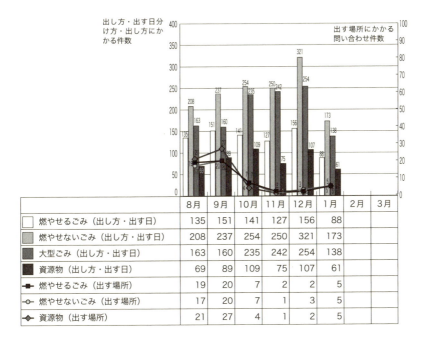

	8月	9月	10月	11月	12月	1月	2月	3月
燃やせるごみ（出し方・出す日）	135	151	141	127	156	88		
燃やせないごみ（出し方・出す日）	208	237	254	250	321	173		
大型ごみ（出し方・出す日）	163	160	235	242	254	138		
資源物（出し方・出す日）	69	89	109	75	107	61		
燃やせるごみ（出す場所）	19	20	7	2	2	5		
燃やせないごみ（出す場所）	17	20	7	1	3	5		
資源物（出す場所）	21	27	4	1	2	5		

99

●第5章● 働き方改革の実践例

図表5-10　ごみの分け方・出し方の有無について

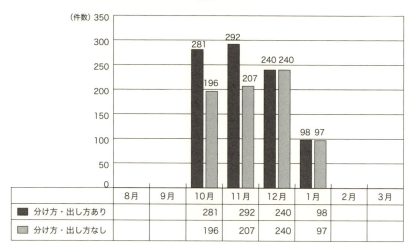

図表5-11　収集時等の問い合わせ関係

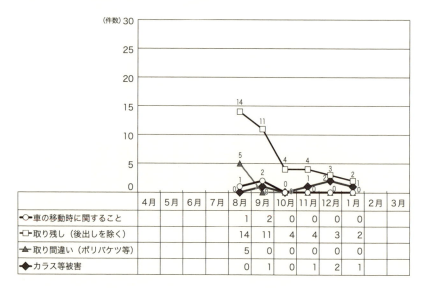

そして、最終段階である収集業における技能労務職員のレベルアップです。当初は、時間を捻出して、レベルアップを図るための研修を実施したいというのが課長の想いでした。しかし、ここまでの取組では、直接的にそのことに対して貢献していなかったので、非常に回りくどく感じているようでした。コンサルタントの提案としては、毎月第1月曜日の朝礼を労働安全日として少し長めに朝礼を実施していたこの時間を活用して、集計結果の共有をすることでした。

最初は、共有と留意事項等の伝達のみでしたが、隣同士で考えてみて、何組かに問いかけてもらうということであれば5分ぐらいで終わるので、実施することを提案しました。このことは、問い掛けをして職員一人ひとりが考えてもらうことで、意識向上につながります。課長の想いとして、時間をつくって研修を実施したいということを、回りくどい形ではありましたが、起きている現状の統計を取って、少し朝礼の場で時間をつくることで、全体の教育の場にすることで対応したわけです。それは、今やっている習慣に少し付け加えるかたちの方がやりやすいことと、新たな仕組みをつくるのは習慣化するのに時間が掛かるため、朝礼の時間を活用してデータを見ながら考える場を提供することで、継続していけば意識や行動に変化が出てくると考えたためです。この提案を受けて入れていただき、早速実施することになりました。

具体的には、テーマとして「ごみの取り残し」「事故の未然防止」「公務災害の未然防止」を挙げ、毎月テーマを決めて職員のレベルアップを図るための改善または啓発の仕組みができたのです。

⑤ 成果・効果

さて、B課の取組を振り返ると、大きく三つのことに取り組みました。

●第5章●働き方改革の実践例

（ア）問い合わせ、苦情の要因を分類し、記録できる仕組みを構築

（イ）記録に基づいて、チームで検討する場を構築

（ウ）職員全体で共有し、改善できる仕組みを構築

　成果は、この仕組みそのものです。これは管理監督者のマネジメント活動のレベル向上にもつながるものでした。

　効果としては、以下の通りです。

（ア）収集時の問い合わせ件数が、6か月間で80％に減少

（イ）電話対応時に、全戸配布"ごみと資源物の分け方・出し方"を基に説明することにより正確且つ効率的な案内方法へ改善

（ウ）人事異動等にも対応した継続的に懸案となる事案の共有化

　取組後の状態としては、「毎日集計し、月単位で傾向を把握」することができるようになり、「既存の会議体を活用して新たな時間を捻出することなく、職員全体で共有し、自ら原因を考え、対策を検証する機会を創出」し、「"ごみと資源物の分け方・出し方"の表紙を工夫するなど検証、検討に基づく改善を図る」ことができ、「具体的な問題を話し合うことで苦情等の発生件数が減少」できて、「職員の問題意識を管理・監督職が確認」することができました。

　また、この活動を通して、技能労務職の職員の方から下記の感想を伺いました。

　・なぜ同じ問い合わせがあるのか、その原因に気付くことができた

　・集計作業に手間が掛かると思ったが習慣化するとそれほどでもなかった

　・どういう問い合わせが多いのか、どう直していけばよいのか気付くことができた

　・集計することにより何を改善すればよいか見えるようになった

　・職員全体で検討する場面を通して、個々の職員がそれぞれ問題意識を持っていることが分かった

1. 大所帯で様々な仕事を担当している職場

　上記は、大変重要な気付きです。忙しいとどうしても新たな取組に対して否定的な感情を持つことは仕方がありませんが、コンサルタントを信頼いただき、真摯に取り組んでいただいた結果として、このような成果、効果及び職員の方々の気付きになったよい事例だと言えます。

〈大所帯で様々な仕事を担当している職場〉のポイント

■大所帯こそ雇用形態や職位に関係なく、問題意識の共有化を分かりやすく行い、一人ひとりの意識や行動によい変化を与える仕組みづくりを行うこと

■起きていることの事実を知るために、また効果検証を行って改善活動の評価ができるように、定量的に現状を把握する手段を講じること

■できていないことを更に徹底するようなことよりも、できていない真の要因を探ること

103

● 第5章 ● 働き方改革の実践例

2. チームで同種の業務を行っている職場

① C課部門概要

C課の中で、市税の徴収・滞納処分を担っているラインは、監督職2名、正規職員11名の構成です。事務分掌としては、督促状業務や、現年催告、随時催告などの市税徴収・滞納処分、統計業務、納税意識啓発業務などです。

② 取組前の状況

当初はC課の別のラインが、時間外勤務が多く、コンサルティングを受けることに応募されたのですが、このラインも折角だからということで一緒に取組を行うことになりました。市税の徴収、滞納処分を行っていて、その成果は直接的に歳入につながる仕事ですので、効率的、効果的に実施することが求められます。

そのような中、徴収額を少しでも増やすべく、既定額の納付書で督促をするだけでなく、滞納者が郵便振替用紙に支払える額を記載して納税し、その額を税科目に割り当てていく処理を行っていました。この処理に相当数の時間を割いていたため、監督職はここを短縮したいと考えていました。

③ 取組概要

めざした状態は二つで、「徴収率の向上」と「差押件数の増加」です。生産性向上の取組は、何も時間外勤務の削減のようなインプットの削減だけではなく、同じ時間で更にアウトプット（成果・効果）を増や

— 104

すことも生産性の向上です。C課はアウトプットの増加に取り組んだということになります。

　具体的に取り組んだことは三つで、「郵便振替処理業務の改善」「窓口業務の当番制廃止」「財産調査結果の活用改善」でした。その結果として、郵便振替処理件数を削減し、時間にして前年度比55.2時間の削減、郵便振替処理時間を短縮して、前年度比242.5時間の削減、窓口での初期対応を1日当たり15分間短縮させ、効果検証をした月での実績として、徴収率は、現年度課税分は前年度比0.65％増、滞納繰越分は前年度比0.54％増、差押件数は前年度比1件増と、インプット（対応時間）は減らして、アウトプット（成果・効果）は維持するどころか増やすという実に理想的な結果になりました。

④　取組内容

ⅰ　取組当初

　一人の監督職に、取組当初にお伺いしたことです。日々業務に追われ、一つひとつの業務内容や方法について疑問を覚えないようになっていた中、課長から職場単位で働き方改革のコンサルティングに応募したと聞き、改めて年間の業務日程、担当の事務分掌を見つめ直し現状分析に努められたようです。そのような中、以前から問題意識があり、1日のうち費やしている時間が大きく、手順が以前と変わっておらず処理工程が多い郵便振替処理業務に焦点をあててみようと考えられたとのことでした。元々、徴収額を増やすための施策として自分が提案して採用されたものが、いつしか通常業務化していて、それに時間を費やしていることが日常化していたため、それまでは改善の必要性を強く感じていなかったようでした。しかし、自分自身が提案して今に至っているからこそ、この機会に自分自身で改善をしていくことを提案しようと考えられました。

105

そこで、職場内の自主研究会でメンバーに改善していくことを提案し、改善点などをヒアリングされました。そのことを整理していただいて、第1回目のコンサルティングに臨まれたのです。

ii　具体的な取組

担当コンサルタントが、研究会で検討された改善提案内容をヒアリングし、三つの切り口で整理をして検討を進めることを提案いたしました。それは郵便振替用紙の送付とその処理について「そもそもなくす」「部分的になくす」「処理工程を改善する」という三つの切り口です。

「そもそもなくす」について、一斉催告の年2回送付する際の郵便振替の同封についてだけは、徴収額が落ちることが予想されるため、これについては残すことにしました。

「部分的になくす」については、分割で納付している方でも郵便振替で納付していることがあるため、通常の納付書に切り替えて納付するよう対象の方に依頼することにしたり、納付書の紛失の可能性が低

図表5-12　現在の工程

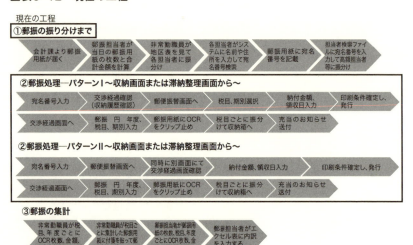

2. チームで同種の業務を行っている職場

い納付書送付後から一番近い現年課税分の催告は、郵便振替の同封を見合わせたりし、処理件数そのものを削減して、徴収額が下がることがないか、推移を見て検証することにしました。

「処理工程を改善する」について、それぞれの担当に手順をヒアリングして、工程を図式化してみることを提案し、**図表5-12**のように作成いただきました。

そうすると大きく二つのことが分かりました。一つは郵便振替用紙を各地区の担当者に振り分けて渡すまでの工程に時間を要していることです。そしてもう一つ、税目・期別に金額を割り当てる処理の工程に人によって違いがあることに気付いたのです。

まず各地区担当者への振り分けの工程について、改善できることを検討しました。郵便物が9時から9時半ごろに文書課に届き、郵便振替用紙の宛名が会計課宛になっているので全課分会計課に届いていて、そこで振り分けをし、振り分け後にC課に届いていました。このことで着手する時間のロスが発生し、結果入力作業で時間外勤務が発生していたため、直接文書課に取りに行くことにしてみました。結果、そうすることで開始時刻を約1時間半早めることができたので、時間のロスが減りました。

次に、その用紙はどの職員が担当するものか振り分けをするために

図表5-13

①郵振の振り分けまで

会計課より郵振用紙が届く → 郵振担当者が当日の郵便用紙の枚数と合計金額を計算 → 非常勤職員が地区表を見て各担当者に振り分け → 各担当者がシステムに名前や住所を入力して宛名番号検索 → 郵振用紙に宛名番号を記載 → 担当者検索ファイルに宛名番号を入力して高順担当者等に振分け

文書法務課に郵振用紙を取りに行く → 郵振担当者が当日の郵振用紙の枚数と合計金額の計算 → 非常勤職員が新担当者検索ファイルを使用して担当者に振り分け

●会計課経由で届いていた用紙を文書課に直接取りに行く。
→処理時間の確保

●新担当者検索ファイルを作成
→処理工程の短縮

● 第5章 ● 働き方改革の実践例

担当者を探すことに時間を要していました。そこで、管理していたファイルを、マクロを活用してつくり直し、担当者が宛名番号を記載していた番号を基に検索をすることで、簡単に担当者が分かるようになりました。このことで、更に担当者の手元に届く時間が早くなったわけです。

　もう一つの処理工程の違いについては、皆で整理した工程について、あるべき工程がどの形なのかを話し合って決めていただくようお願いをしました。工程が違うことによって精度、質、処理時間が変わってくる可能性があるため、一番処理時間が早い工程の人の質が十分であれば、それを標準工程にすることを提案しました。

　また同時に、もしある一つの工程をなくしたらどうなるのか、なくしてみても影響がないようならばなくすこと、もしくは順番を変えてみることも合わせて検討していただくよう提案しました。これは、引継ぎの際に、以前の担当者のこだわりなどで、その工程が今は過分なのに残っていることがあるためです。また、以前の担当者が担当していたときには、その手順が必要であったケースなどもあります。何のためにこの仕事があるのか、その目的を果たすために手段を変えることが法的に問題なければ、できるだけ手順は簡素にして処理が早く且つ正確に行える方法に見直しをしていくことが求められます。検討した結果、図表5-14のような標準処理手順に定め、全員が正確且つ早

図表5-14

くできる工程へと変わりました。

⑤　成果・効果

　取組成果としては、「郵便振替用紙の同封をやめる時期を決めたこと」、「作業に取り掛かる時間が前倒しになるよう、用紙が届くのを待たずに取りに行くようにし、担当者を検索する管理ファイルを改め、直ぐに担当者に振り分けして渡せるようにしたこと」、「処理する工程を標準化し、より正確・効率よく処理できるようになったこと」の一連の仕組みを構築したことです。

　その効果として、郵便振替処理件数を削減し、時間にして前年度比55.2時間の削減、郵便振替処理時間を短縮して、前年度比242.5時間の削減、窓口での初期対応を1日当たり15分間短縮させることができました。そして、前年度徴収率（現年度課税分、滞納繰越分）、前年度差押件数と比較して、どちらも増加することができ、インプット（投入時間）の短縮を図りながら、アウトプット（徴収率・差押件数）の増加を図ることが実現できたのです。

〈チームで同種の業務を行っている職場〉のポイント

■同種の業務を担っていても人によって工程に違いがあることで、正確性や効率性に影響を及ぼしている可能性があると疑ってみること

■一定期間を設けて定期的に各個人の工程を見える化し、見直しをする機会を設けること

■対応時間という人件費もコストだと考え、成果（活動の結果）、効果（活動の結果によって期待する変化）を考えて、より効率的な工程を担当全員の意見を基に考え、標準化を図ること

●第5章●働き方改革の実践例

3. 季節性があって一定時期繁忙になる職場

①　C課部門概要

　先ほどと同じC課で、固定資産評価、税証明発行、軽自動車税の賦課、減免事務、株式配当還付、償還金還付、年金特徴還付などの業務を担っているラインは、監督職2名、正規職員7名、非常勤嘱託4名の構成です。

②　取組前の状況

　C課のこのラインが、昨年度時間外勤務が多かったことから、課長が職場単位の働き方改革のコンサルティングに応募されました。4月から9月の上半期に業務が集中して繁忙期となっていること、新規採用で配属された職員が多く、行政職員としての業務経験が浅いため、自分で判断することが難しく、監督職へ相談をしながら業務を進めていたなどの問題があり、効率的な職場運営をめざし、その解決策を探したいという想いでスタートしました。

③　取組概要

　時間外勤務の削減をめざし、「事務の効率化・平準化ができている状態」「協力体制の構築ができている状態」「窓口の非常勤職員の業務範囲の拡大ができている状態」をめざしました。具体的に取り組んだことは四つで、「工程の細分化による工程表の作成」「担当業務のメインとサブ体制の構築」「個々の担当業務の見える化」「窓口業務の改善」でした。

110

その結果として、協力体制ができたことにより、時間外勤務の時間数が上半期の実績値で前年度2,010時間だったものに対して890時間となり、約44％と半分以下に削減されました。また、年次休暇も取りやすくなり、メリハリを持った仕事ができるようになったという感想をお持ちで、いわゆるワーク・ライフ・バランスの向上につながったと言えます。

④　取組内容

上半期に業務が集中しているということでしたので、年間の日程表の作成をいただき、俯瞰してみました（図表5−15）。

●第5章●働き方改革の実践例

図表5−15　平成28年度　C課総務担当　当初の年間業務スケジュール

	4月	5月	6月	7月	8月
納期限	11日　特徴	10日　特徴 31日　軽自 　　　固定1期	10日　特徴 30日　市県1期	11日　特徴	1日　固定2期 10日　特徴 31日　市県2期
条例改正			議会 ・○○○○（議案） ・条例改正（NPO 　法人）		市税条例
固定資産評価審査委員会		6　固定納送発送	6　第1回固定資産評価審査委員会	5　固定審研修 （東京）	
税証明発行業務		31　新年度（非）課税証明発行確認	6/1H28 （非）課税証明児童手当月額税証明発行開始		
軽自動車税	賦課事務	賦課事務　6　軽自納通発送	中旬　納税証明 （口振・ペイジー）送付		
軽自動車税（ご当地No.）					
軽自動車税（減免）		受付、決定通知	中旬　変更通知発送		
市税減免（NPO法人）	受付等	決定通知			
口座振替（不能通知含む） （臨時入力等作業あり）	継続／廃止	入力・不能	入力・不能　口座事務繁忙期	入力・不能	入力・不能　新たな
株式配当還付（集中時期）		還付事務			
償還金還付（集中時期）			還付事務		
年金特徴還付（集中時期）			還付事務		
調停・決算事務	滞納 決算	現年決算			
市税概要					
租税教育・協議会		パンフレット作成	税の作文		
臨時運行許可業務		下旬　担当内会議での課題の投げかけ	課題の整理		
電子納税サービス					
予算・決算			議会　H27 決算説明資料作成 ・補正予算要求		
その他					

112

3. 季節性があって一定時期繁忙になる職場

9月	10月	11月	12月	1月	2月	3月
12日 特徴	11日 特徴 市県3期	10日 特徴	12日 特徴	4日 固定3期 10日 特徴 31日 市県4期	10日 特徴 28日 固定4期	10日 特徴
税制改正による条例改正の検討	例規等審査会		議会 ・軽自環境性能 　割の条例改正	税制改正による条例改正の検討	・月末条例改正 　専決処分	
						第2回固定資産 評価審査委員会
	・新配属職員向 　け証明発行研 　修					
ご当地ナンバープレートの周知・交付事務						・庁内・郵便局 　へナンバー交 　付の実施
				書類・マニュアルの整備		
入力	入力・不能	入力	入力・不能	入力・不能	入力・不能	入力
口座振替PRの実施		口座振替納税通知の検討			・資産税課との 　打合せ	
						滞納 決算
	作成・配布	パンフレット作成			租税教室	
規則改正の必要性の検討						
ペイジー周知・広報						
決算議会	H29予算要求			予算説明資料作成		予算議会

●第5章●働き方改革の実践例

　その上で、これから実施する年金特徴還付事務について、まずは改善できることを検討してみようとなり、担当の職員にヒアリングをしていきました。

　年金特徴還付とは、年金から税金を徴収している住民が対象で、前年の課税金額を基に年金から引去りをして、差額を還付している業務です。この団体では、昨年度約1,700件の対象者がいました。課税課から対象人数分が6月にまとまって来て、7月に返送するべく、早く処理しなければならないものでした。短い期間にたくさんの処理をして多くの人に協力をしてもらっていましたが、担当者はもっと効率的に進められるのではないかと考えていました。この担当者は昨年度C課に配属され、昨年度はこのラインの職員のみならず、同じ課の別のラインの職員にも協力を仰ぎながら、休日出勤をして何とか期日に間に合わせることができたようですが、せめて同じラインの職員だけで終わらせることができないかと考えていたようです。

　そこで、年金特徴還付事務の全ての工程を洗い出していただきましたが、大まかな工程だったため、より詳細の工程に分けて、その工程ごとの作業の単位当たりの時間と処理件数と業務時間を想定で書き出してもらいました。

　図表5-16の表を基に、分業ができそうな部分を確認していきます。封入作業のような単純作業は協力してもらっているようでしたが、決定通知書の印刷についても分業できるのではないかなど、次々にアイデアが出てきます。

　ただ、手伝ってもらうに当たっての準備やレクチャーなどの段取りも必要です。ライン内で順番に一人ずつ支援してもらえるとありがたいという担当職員の要望があり、監督者も同席していましたので、誰が手伝うのかを決めておく必要性はないかを問いましたが、事前に割

114

3. 季節性があって一定時期繁忙になる職場

図表5-16

実施時期	業務内容	単位時間 単位	×件数	＝業務時間 秒	分	時間
事前	対象者リストの引継ぎ等を市民税課年金担当と調整			—	—	—
	通知文案の作成			—	—	—
	窓付封筒に「総務担当」押印	5 秒	1700	8,500	142	2.4
	返信用封筒に「年特」押印	5	1700	8,500	142	2.4
	返信用封筒 三折（織機）			3,600	60	1.0
				—	—	
送付対象者決定後	対象者リスト作成			—	—	—
	未納、滞納者リストとのマッチング（延滞金含）（納税担当）			—	—	—
	還付不要者とのマッチング			—	—	—
	口座振込依頼書 印刷			3,600	60	1.0
	口座振込依頼書 二折（織機）			3,600	60	1.0
	口座振込依頼書 並替、束（＠50）作成			7,200	120	2.0
				—	—	
発送予定日決定後	通知文 印刷			3,600	60	1.0
	通知文 三折			3,600	60	1.0
	窓付封筒に 日付印 押印	5	1700	8,500	142	2.4
	決定通知書 打出	90	1600	144,000	2,400	40.0
	決定通知書 並替、確認			7,200	120	2.0
	決定通知書 三折			7,200	120	2.0
	内訳書 ナンバリング	5	1600	8,000	133	2.2
	内訳書 電子化			10,800	180	3.0
	内訳書 添付文書 名称変更	30	1600	48,000	800	13.3
				—	—	
送付	封入（ダブルチェック）	90	1600	144,000	2,400	40.0
	封入後チェック発送準備			3,600	60	1.0
				—	—	
発送後業務	未納、滞納者の充当先確認後、充当、還付処理	300	100	30,000	500	8.3
	死亡者、転出者等通知発			7,200	120	2.0
				—	—	
請求書収受後事務	請求書収受（開封、収受印）	20	1300	26,000	433	7.2
	請求書収受（内容確認、仕訳）	40	1300	52,000	867	14.4
	財務起票（2週間分）	120	1300	156,000	2,600	43.3
	財務起票（2週間以降）	120	400	48,000	800	13.3
				—	—	

り当てはできるが、とりあえず予定しておいて無理ならば交代をするという柔軟な設定で行こうということになりました。コンサルタントからは、事前にスケジューリングしておける方が、全員の生産性が高くなることと、手伝ってもらうことに対して、確認するポイントを複数設定しておいて、疑問点の解消などの手戻りを防止しつつ進捗管理を行うようアドバイスを行いました。

⑤ 成果・効果

アドバイスを行った翌月、状況を確認すると、監督職が事前に各職員にこの取組を共有していたこともあって、各職員自ら手を挙げて手伝いをするという形になり、比較的手が空いていた非常勤職員も出勤調整を行って、全員の協力を得ることができ、時間外勤務対応が前提の事務作業であったものが、概ね時間外勤務を行わず、作業が完了したのです。これが実現できたのは、一人で悶々として、助けてほしい状況となったときにスポットで依頼しても難しいので、事前に詳細の工程表をつくり、計画的に協力できる段取りをしたことです。

〈季節性があって一定時期繁忙になる職場〉のポイント

■全体の工程表を作成して、職場内で誰でも見られるようにし、助け合える素地をつくること

■各業務の詳細の工程を作成し、協力してほしい工程の想定時間とその時期を明確化しておくこと

■監督職などリーダーが中心となって、協力し合う必要性を訴えて、それぞれ担当する業務をチームで協力して進めるというチームワークができる風土を形成すること

ここでは二つの職場の実践例を紹介します。

一つは、先の事例と同じC課です。もう一つは、道路の維持・補修・改善等を担うD課です。

(1) C課の実践例

① 部門概要

先の事例と同じC課です。新規採用で配属された職員が多いこともあり、7名の担当職員が全員若手で、7名中6名がC課の所属歴が2年未満という状態でした。

施行時特例市より職員数が少ない団体ではあまり聞きませんが、施行時特例市やそれより職員数が多い中核市でよく聞く事例で、毎年のように新規採用職員が配属され、若手職員が中心で2年など比較的早いタイミングで異動がある職場の典型例です。

所属歴が短い職員のみで構成されると、当然ノウハウの蓄積は浅くなり、問題が発生するたびに監督職に相談がなされ、監督職はもぐらたたきのように、日々出てくる問題への対処に追われるという状態です。特に窓口があって住民対応が必要な部署で、比較的定型的な業務が多い部署によくあることでしょう。入庁時最初に住民対応を経験してもらいたいという意味合いと、定型的な業務が多いため新規採用職員でも戦力化しやすいと思われて、そのような配置になっているのだと推察します。

これが悪いと指摘しているのではありません。全体のバランスがあっての職員配置でしょうし、個別の部門単位で職員の年齢構成や経験年数の最適バランスを取りたくても取れない実情があってのことと思いますので、このような職場の処方箋について述べたいと思います。

② 取組前の状況

これまでは異動する職員が担当している業務を新任の職員に引き継ぐという普通の状態でしたが、異動のタイミングが早いことと、引き継ぐ担当が若手であることから業務の理解度や仕事そのものの能力がまだ発展途上の段階のため、習熟の時間が掛かることなどがあり、自身の担当する業務に手一杯の状態にありました。このような状態では、助け合いは難しくなり、それぞれの担当の繁忙、閑散の時期にずれがあっても職場は常にバタバタしている状態になってしまいがちです。この状況を改善したいという想いから、事務分担の見直しをしたいと監督職は考えておられました。

③ 取組内容

担当職員全員が３年未満と短い経験ではありましたが、協力体制を

図表5-17　事務分担の見直し

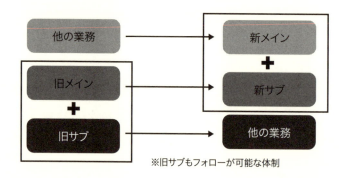

※旧サブもフォローが可能な体制

4. 新規採用職員や若手職員が多い職場

構築することを目的に、今までその業務のメイン担当だった職員をサブ担当にし、新しいメイン担当者のバックアップができる状態にしました。

このことにより、新メイン担当の業務が滞っていたり、繁忙期だったりしたときに、新サブ担当者は以前のメイン担当者だったわけですから、手伝ってもらうのにレクチャーは不要なわけです。バックアップしてくれる職員が職場内にいて、約１年単位で相談に乗ってくれるので、新メイン担当の習熟スピードが上がっていくことが分かります。このようにして、お互いに助け合える職場へとなっていく素地ができました。

しかし、まだもう一つ問題がありました。新しくメイン・サブ体制を構築しても、まだ全体の業務を理解できたわけではありません。実際、担当者宛に電話があった際に、担当者以外では分からないため、折返し連絡をさせるという形を取っていて、縦割り的な仕事の仕方であったため、長時間席を外したり、外出したりすると自席には電話メモが大量にあるという状態でした。

そこで、他の団体で、若手職員に職場内の業務を理解してもらうことを目的に、定例の課内会議の際に担当職員から自分の担当業務について紹介する取組をしていたことをコンサルタントが思い出したので、それを応用することを提案しました。具体的には、自身の業務の概要と工程表を作成してもらい、関係者から電話があった際に、一次対応として行ってほしいことを工程表等に基づいて課内会議で紹介して、一次対応をお願いしていくというやり方です。担当職員の専門的知識が不要なちょっとした問い合わせや書類の確認程度であれば、他の担当でも対応できるようにしていくことで、全体の生産性向上につながります。

早速実施したいということでしたが、どのような資料が必要で、ど

119

のように説明すべきか、社会人経験が浅い職員なので、直接指導してほしいという依頼をいただきました。1回の会議で1業務を取り上げて紹介するようにしていましたので、次回の発表者が事前に資料作成し、コンサルタントに説明をしてもらって、コンサルタントから改善ポイントなどのアドバイスをさせていただきました。

④　成果・効果

新メイン・新サブ担当の体制により、新メイン担当者が、以前のメイン担当者だった新サブ担当者と協力をし合って業務を進められるようになり、助け合いが起こりやすくなりました。また、何件電話対応をしたかの記録は担当以外の職員も取っていませんでしたので定量的な成果までは分かりませんでしたが、監督職の感覚では担当以外の職員で電話対応が可能となるケースが増えたという感想をお持ちでした。担当不在のため折返しというのは特におかしな対応ではありませんが、「これぐらい担当以外でも答えられないの？」と電話を掛けた方が思うことはあったのではないかと推察します。市民ニーズに機動的に応えることができる体制を構築し、全体の生産性向上に寄与したと言ってもよいでしょう。

(2)　D課の実践例

①　部門概要

屋外広告物の許可、道路・公園などの占用、不法占用物件の撤去、放置自転車・自動車の撤去等を担っているD課は、課長以下、四つのラインがあり、監督署4名、正規職員27名という構成です。そのうち、道路の維持・補修・改善や交通安全事業などを担当している係は、監

督職1名、正規職員8名の構成です。

②　取組前の状況

このD課では、コンサルタントの指導・助言を受ける期間が半年弱で、コンサルタントとのセッションも合計で3回と比較的短期間であったため、課長は全てのラインの業務を同時に見直すことは時間的にも困難と考えていました。職員の2／3が、個人に割り振られている業務を担当し、効率化はパソコンの処理、書類整理など、個々の能力に左右されると考えていて、どうすれば少しでも見直しを進められるか検討したいと思っていました。そのうち、道路の維持・補修を主に担当している係は、連携しての業務が比較的多く、日々現場処理、苦情対応、災害対応などに走り回り、緊急工事の清算やデスクワークに手が回らず、残業も多かったため、ここに着目し、具体的な取組を行うこととなりました。

③　取組内容

時間外勤務の発生要因の分析から始め、現場出動と清算処理業務に着目し、それぞれの解決策を検討しながら、仕組みづくりを行っていきました。ここではその詳細は割愛し、この項目のテーマである「新規採用職員や若手職員が多い職場」での対策に絞って紹介していきます。

多くの地方自治体で、建設・土木系の専門職の採用数の確保が難しくなっています。新卒者の絶対数が減っていること、バブル崩壊後採用を抑えていた建設・土木系も民需が活性化したため採用を増やしていること、地方自治体での建設・土木系の仕事と比較して民間企業での仕事の方に関心が高いことなど、理由は複数あると思います。しかし、建設・土木系に限らず、1990年代後半に採用抑制をしていた地

●第5章● 働き方改革の実践例

方自治体の多くは、年齢構成比として中堅層が少ない傾向にあり、このD課についても同様の状況で、ベテラン層から中堅が1人だけで、その下は一気に入庁3年までの職員となっている状態でした。

D課では、市道1,000キロメートルにも及ぶ維持・補修・改善を担当しており、年間約3,500件もの量を対応していました。道路の維持・補修は、一歩間違うと大事故につながる恐れがあり、知識や経験が必要な専門性の高い分野です。しかし、1,000キロにも及ぶ管轄する市道の全てを熟知するのは困難であることから、担当ごとにエリアを分けて対応をしていました。それでも、舗装工事、側溝工事、法面や橋梁などの構造物の対応、交差点改良など実に幅広い分野の知識や経験を必要とするため、いずれやってくるベテラン職員の定年退職に備えて、早期の育成が課題になっていました。

管理監督者も若手の人材育成には悩みがあったため、それを解決していくことの手立てを日頃から悩んでいました。そこで、コンサルタントからこの団体で人材育成の見える化の実施例を紹介しました。その団体は、消費生活センターで消費者の購買等に関する相談を受ける部門ですが、昨今通信販売が増えてきていること、また高齢者をターゲットにした悪質な訪問販売が増えていることなどもあって、それに対応する相談員の知識習得は、喫緊の課題でした。そこで、ＩＬＵＯチャートを活用し、相談員の知識や経験を見える化して、計画的な育成ができるようにしたのです。

ＩＬＵＯチャートとは、端的に表せば、習熟度のランク付けです。

図表5-18のように、職員Ａ・Ｂ・Ｃ・Ｄさんの、ある仕事に対しての習熟度を、Ｉ、Ｌ、Ｕ、Ｏという形でランク付けするものです。Ｉ、Ｌ、Ｕ、Ｏそのものに意味はなく、ＩからＬになり、ＵになってＯになるという一筆書きで進んでいるように表現できるため、Ｉから始まりＯが最終という形でランクを表現しています。

4. 新規採用職員や若手職員が多い職場

図表5-18　ＩＬＵＯチャート

【全体スキルマップ表】

作業名	作業者名 A	B	C	D
ア	▨	L		
イ	□	U	▨	▨
ウ	U	▨		▨
エ	□		U	

【評価基準】
Ｉ：指導を受けながら作業ができる
Ｌ：1人で作業ができるが、指導を受ける場合もある
Ｕ：1人で作業ができる
Ｏ：作業を熟知し、指導できる
▨：教育計画項目

　「Ｉ：指導を受けながら作業ができる」、「Ｌ：1人で作業ができるが、指導を受ける場合がある」、「Ｕ：1人で作業ができる」、「Ｏ：作業を熟知し、指導できる」という具合です。このＩＬＵＯチャートは、高度成長期に少品種大量生産が中心だったころから、モノ余りになり多品種少量生産になっていった時代に、一人がある一つの工程のみを担当するのではなく、複数の工程を担当できるようにしていくことで、多品種の生産にその品種ごとに人を配置しなくてもよくするための手法として、人材育成を効率的に行うためのツールとして使われていました。

　一人一台パソコンが導入されるようになって久しいですが、パソコン、周辺機器、ソフトウェア等の目覚ましい発展により、一人でできることの量や質が高くなり、合理化の追求の結果、一人ひとりが違う事務事業を担当することが当たり前になってきました。一般行政職の正規職員の多くは、パソコンに向かって仕事をしている時間が長いと思います。パソコンに向かっていて仕事をしていると、その職員が、これまでどんな経験を積んできていて、何ができて、何ができない（経験がない、知識がない）のか見えにくいものです。また、忙しいのか、

●第5章●働き方改革の実践例

考えているのか、悩んでいるのかも分かりづらいです。そのような時代だからこそ、職員一人ひとりの、課の業務に対しての習熟度を見える化し、ある一定のラインまで全体を引き上げていくように計画することで、合理的且つ効率的に育成を行っていく、その助けとなるツールです。

　この消費生活センターでの実施例を基に、専門的な知識や現場経験の有無を、ＩＬＵＯチャートを使って見える化し、経験を積んでいない種類の現場があった際には、ベテラン職員とともに現場対応をして、その経験をしてもらうことになったのです。

　具体的な成果、効果の検証までは弊社で関われなかったので、定量的な成果、効果までご紹介はできませんが、計画的且つ効率的な人材育成を、状況の見える化を行って取り組んだ事例は、新規採用職員や若手職員が多い職場にとっては、参考になると思います。

124

4. 新規採用職員や若手職員が多い職場

図表5-19　ＩＬＵＯチャート例

項目	内　容	評価項目					
		1年目		2年目		3年目	
		上半期	下半期	上半期	下半期	上半期	下半期
一般編	行政職員としての心構え・態度・積極性						
	市職員としてふさわしい服装・言葉遣い・挨拶（特に朝、退庁時の挨拶は大きな声で行う）						
	先輩・上司・市民への態度・立ち居振る舞い						
	積極性（課内・係内での様々な雑用）						
	職員との連携・協調、係内での庶務						
	係内職員（全員）との連携・協調						
	係外職員（全員）との連携・協調						
	区役所内・本庁職員との連携・協調						
	「報連相」の実施						
	適切に行うことができているか（ためこんでいないか）						
	電話対応						
	率先して電話を取っているか						
	一般的な要望・苦情への対応						
	困難な要望・苦情への対応						
	高度な知識を必要とする対応						
	電話でのインタビュー等						
	視察状況を適格に聞き出せているか						
	市民が満足する応答ができているか						
現場対応	的確な現場対応と指示事項（環境整備事業）						
	【簡易】陥没や側溝破損等簡素な補修						
	【一般的】陥没や側溝破損等の一般的な補修						
	【高度】高度な知識を要する補修への対応						
	現場状況を把握した臨機応変な対応						
災害・事故対応	災害事故対応						
	迅速な現場対応（指示待ちになっていないか）						
	事故・緊急報告等の必要な提出資料の作成と対応						
	機械的な対策への取組姿勢（知らない顔をしていないか）						
	災害時の各種マニュアルを把握しているか						
	対応方法						
	現場特性（交通量・人通り）に配慮した対応						
	先の展開を考えた対応方法を把握しているか						
設計積算	塗装工事						
	私道・生活道路等簡易な設計						
	国道・県道・一市等の幹線道路の設計						
	側溝工事						
	生活道路等簡易な設計						
	国道・県道・一市等の幹線道路の高度な設計（流量等の検討を含めた設計）						
	構造物（法面・機械補修）						
	簡易な塗装・補修等の設計・積算						
	国道・県道・一市等の幹線道路の構造物の設計						
	環境整備の積算						
	環境整備事業の定着、執行要望の把握						
	簡易な環境整備の積算						
	一般的な環境整備の積算						

125

●第5章●働き方改革の実践例

項目	内　容	評価項目					
		1年目		2年目		3年目	
		上半期	下半期	上半期	下半期	上半期	下半期
	項目が多岐に亘る環境整備の積算						
	交差点改良						
	生活道路等の簡易な改良の設計・積算						
	所轄署との協議を通して行う改良の設計・積算						
	主要幹線、交通解析等協議事項が多岐な設計・積算						
	交通安全						
	交通安全事業の把握（道路管理者と交通管理者が行う守備範囲の把握）						
	交通管理者との協議を適切に実施できるか						
	測量・設計業務委託の設計						
	簡易な測量（確定測量等）、一連の流れの理解						
	一般的な測量設計を含んだ測量・設計						
	用地取得を必要とする道路の測量・設計						
	見積りが必要となる測量・設計						
	交通量改良等の測量・設計						
	重要構造物の測量・設計						
	歩掛・関連文献の把握						
	歩掛の基本的な項目を把握しているか						
	歩掛を把握して積算しているか						
	積算根拠を説明できるか（「誰々に聞いた」になっていないか）						
	設計・積算の根拠を文献から導き出そうと努力しているか						
道路建設管理	道路管理施設の把握と緊急時の措置						
	アンダーパス（箇所数・場所・冠水時のマニュアル等を把握しているか）						
	トンネル（管理手法・契約手法）						
	橋（管理手法・契約手法）						
	昇降機（EV・ES・MW）（管理手法・契約手法）						
	ポンプ施設（管理手法・契約手法）						
	道路灌水装置（管理手法・契約手法）						
関係法規	道路法の最低限の把握						
	道路法の最低限の知識を備えているか						
	管理瑕疵や道路管理に関する判例を最低限把握しているか						
	問題に対して法を調べる癖が身についているか（聞くだけ×）						
その他	その他						
	開発・審査業務						
	予算に関する一連の流れの把握						
	新たなチャレンジ・計画づくり（業務効率化・管理などの提案）を行うことができるか						
	プレゼン能力・資料作成能力の向上は図られているか						

126

4. 新規採用職員や若手職員が多い職場

〈新規採用職員や若手職員が多い職場〉のポイント

■担当職員間で学び合える場をつくり、課内の業務について一定の理解をしている状態をつくること

■電話や窓口での一次対応程度はできるように担当職員がしてほしいことの資料を作成し、共有すること

■職員の習熟度の見える化を行い、知識・技術の教育を計画して、合理的且つ効率的な育成を行うこと

●第5章●働き方改革の実践例

5. 少人数の職場

　ここでも二つの職場の実践例を紹介します。

　一つは、男女共同参画を推進するＥ課です。もう一つは、就学事務等を担うＦ課です。

（1） Ｅ課の実践例

①　部門概要

　男女共同参画を推進する課で、課長以下監督職２名の２ラインで担当職員が３名、再任用職員が１名、嘱託職員が１名と少人数の構成です。事務分掌としては、男女共同参画社会の形成に関する施策の企画、総合調整及び推進に関すること、女性相談に関すること、人権啓発に関すること、平和事業に関すること、都市親善に関すること、国際化施策の総合調整に関すること、国際交流に関することなどがあります。

②　取組前の状況

　課の使命でもあるワーク・ライフ・バランスについて、旗振り役として庁内に向けても率先して取り組む必要がありました。しかし、啓発事業は土日のイベントが多いことから休日出勤による振替休暇が多く、年次有給休暇の取得が進んでいませんでした。また、担当職員３名のうち２名が部分休業取得者になっていましたが、勤務終了時間を過ぎても退庁できないことがありました。

　少人数であることから、誰かが席を外すと在席している職員で電話

128

5. 少人数の職場

対応や相談対応を行うため、自分の担当業務の実施にも影響を及ぼすこともあり、なかなか休んだり、部分休業で早退したりしにくい雰囲気もありました。

③　取組概要

めざしたのは、「部分休業の完全取得」と「最低月1回の年次有給休暇の取得」ができている状態でした。そのために大きく二つの仕組みづくりに取り組みました。一つは「部分休業の完全取得に向けた取組」で、もう一つは「休暇の取得促進に向けた取組」です。

その結果、仕事の見える化と計画化の仕組み、2段階で年次有給休暇の計画を確定していく仕組みができ、取組前と比較して部分休業取得日数が、職員Aさんが25％増加、職員Bさんが21％増加し、年次有給休暇取得日数は課全体で前年度比240％増加しました。

④　取組内容

ⅰ　取組当初

昨年度まで、仕事の優先順位付けが苦手な職員が在籍されていたこともあり、弊社が実施する研修でよく提供している"特定期間の業務の優先順位付けを行う業務管理シート"（図表5-20）を用いて、各職員に記載と提出を課していました。そのこと自体は、職員の業務の洗い出しと優先順位管理をするトレーニングにもなり、よいことではあります。しかし、実際の運用としては提出のみを課していて、時間に関することの指摘はしておらず、あくまでも抜け漏れや見込み時間の確認をし、係長が必要に応じて、担当と協議をしている形でした。

129

● 第5章 ● 働き方改革の実践例

図表5-20　業務管理シート

重要度・緊急度マトリックス

業務名	見込み時間	予定日	実施日	業務名	見込み時間
①	h	/	/	①	h
②	h	/	/	②	h
③	h	/	/	③	h
④	h	/	/	④	h
⑤	h	/	/	⑤	h
⑥	h	/	/	⑥	h

業務名	見込み時間	予定日	実施日	業務名	見込み時間
①	h	/	/	①	h
②	h	/	/	②	h
③	h	/	/	③	h
④	h	/	/	④	h
⑤	h	/	/	⑤	h
⑥	h	/	/	⑥	h

業務名	見込み時間	予定日	実施日	業務名	見込み時間
①	h	/	/	①	h
②	h	/	/	②	h
③	h	/	/	③	h
④	h	/	/	④	h
⑤	h	/	/	⑤	h
⑥	h	/	/	⑥	h

緊急度　高 ↑ / 低 ↓

重要度　高 ←

◆今週の見込み時間合計　　時間　　分

　　（最大　　h／日）（最小　　h／日）

◆今週は　　　時間（不足・余る）

5. 少人数の職場

係 名
作成者
作成日　　年　　月　　日

予定日	実施日	業務名	見込み時間	予定日	実施日
/	/	①	h	/	/
/	/	②	h	/	/
/	/	③	h	/	/
/	/	④	h	/	/
/	/	⑤	h	/	/
/	/	⑥	h	/	/
予定日	**実施日**	**業務名**	**見込み時間**	**予定日**	**実施日**
/	/	①	h	/	/
/	/	②	h	/	/
/	/	③	h	/	/
/	/	④	h	/	/
/	/	⑤	h	/	/
/	/	⑥	h	/	/
予定日	**実施日**	**業務名**	**見込み時間**	**予定日**	**実施日**
/	/	①	h	/	/
/	/	②	h	/	/
/	/	③	h	/	/
/	/	④	h	/	/
/	/	⑤	h	/	/
/	/	⑥	h	/	/

⟶ 低

今週の業務の留意点
係長のコメント

●第5章●働き方改革の実践例

担当職員が、1週間やそれ以上の期間で、やるべき仕事を洗い出し、それに対する想定時間を考え、優先順位付けをするという、考える習慣が一定できていることは大変好ましい状況です。

コンサルタントからは、記載すること自体に時間が掛かるものの、業務管理シートそのものを考えて、それをチームで調整しコミュニケーションを取るためのツールとして運用することには意義があるため、本来の目的を果たす形で運用していく提案をしました。

ii　具体的な取組

課の使命として、ワーク・ライフ・バランスを推進していくことがあり、旗振り役として庁内で率先して取り組まなければならない一方、啓発事業が多く、土日のイベントが多いこと、男女共同参画推進プランの3年に1回の実施計画を策定する年に当たることなど、その時々で事業が偏ってしまうことがあるため、業務負荷が時期により職員間で偏りが生じている状況でした。その結果、部分休業取得者が勤務終了時間を過ぎても帰れない、休日出勤による振替休暇が多く、年次有給休暇の取得が進まないという問題を引き起こしていたのです。

このように、業務の平準化が課題であったため、平準化することで「部分休業の完全取得」と「最低月1回の年次有給休暇の取得」をめざす取組を行うことになりました。

一つ目は、「仕事の見える化」です。ある職員は、啓発事業等のイベントを担当していました。違う種類のイベントであっても、段取り的には似ている部分もある割には、その準備やチラシ作成などに思いのほか時間が掛かっていると監督職は感じていました。その職員にもヒアリングしたところ、次々とやってくるイベントに対して、順次対応している様子でした。しかし、その結果抜け漏れや手戻りが発生し

5. 少人数の職場

ていた様子であったため、イベントの標準形となる段取りを一度作成することを提案し、ツールとその記載事例をお渡しして、作成をお勧めしました。その標準形について、監督職がアドバイスをし、より効果的、効率的な段取りができるよう指導いただくことをお願いしました。このように、それぞれの職員が頭の中で組み立てている段取りを実際に書き出すことで、その仕事の仕方の改善方法が見えてきます。そして合理的で効率的な段取りを、上位職やそれぞれの職員の知恵を貰い、改善することができるのです。

　二つ目は、「計画化」です。一つ目の「仕事の見える化」を発展させ、事務事業単位で「やることリスト」というやることの工程を書き出したものを担当職員全員に記載いただくことを定例化していきました。これは、第4章2（2）④「ⅱ　組織のタイムマネジメント」で紹介した表になります。

図表4-7（再掲）

大項目	中項目	小項目	開始時期	終了時期	所用時間
・・・	・・・	・・・	・・・	・・・	・・・
・・・	・・・	・・・	・・・	・・・	・・・
・・・	・・・	・・・	・・・	・・・	・・・

　大項目には事務事業名、中項目には大工程、小項目には実際にやることを記載し、そのやることの開始時期と終了時期と所要時間の目安を書きます。D課では、これにアレンジして、実施したものに「済」と記載する項目と「Help」の項目を設け、「Help」の項目は、その仕事の期限を守るため、また時間を要するためになどの理由で、助けてほしい項目にチェックを入れるようにしました。

　それぞれの職員のやるべきことが見える化された状態から、助け合

133

●第5章●働き方改革の実践例

う状態をつくる仕組みに発展させていきます。最初に、スケジューラーの活用です。この団体には、庁内のシステムで課や係単位で運用可能なスケジューラーは導入されていませんでした。それというのもフリーソフトのスケジューラーが全庁で標準のように活用されていて、不便を感じていなかったためです。やるべきことの見える化ができた状態から、他者の状態の見える化への発展のため、スケジューラーに、「やることリスト」に書き出したもので今週実施するものの記入をしてもらったのです。

「やることリスト」の大項目、中項目、小項目の書き下しの単位のようなものは、それぞれの職員が担当する業務が異なることもあり、細かなルールは決めずに、一定のレベルでその日にやることが明確になるレベルまで書き下すという形で書いてもらいました。その結果、スケジューラーには「資料作成」のような雑駁な形ではなく、「前年度決裁文書の確認」「今年度の記載内容整理」のように実際の手順が記載され、その職員がいつ何をやる予定なのかがスケジューラーで確認できるようになったのです。

ここまでで、それぞれの職員が違う業務を担当しながら業務負荷が時期により偏るという状況の中、いつ何によって忙しくなるのかが、「やることリスト」によって全体の工程から、スケジューラーによって日単位で、見えるようになりました。更に「やることリスト」の「Help」欄にチェックがついているものは、大体いつぐらいになるのか、それにはおおよその所要時間はどれぐらいを要するのかも分かる形になっています。

そして最終段階です。課として週単位で職員全員が集まり、「やることリスト」「業務管理シート」「スケジューラー」の3点を基に、次週の実施することを各職員から報告してもらう会議を実施してもらいました。職員単位での、①担当業務のやることの書き出し、②週単

134

位でやることの優先順位付け、③日単位でやることを記載したスケジューラーの三つは、考えて記載することそれ自体に、頭の中を整理して効率的に業務を遂行していく効果があるため必要ではありますが、考えて記載することにはそれなりの時間が掛かります。本来は、それを基にチームで繁閑等を調整するコミュニケーションを取るためのツールとして運用し、業務の平準化やチームとしての生産性を向上させることを目的としたものです。したがって、先に紹介したように「やることリスト」に設けた「Help」欄を、先に全員に告知をしておき、いつぐらいにこのような業務で協力をしてほしいと職員が申し出る機会をつくったわけです。それに対して監督職が中心となり、誰が支援できるのか、全員の業務管理シートとスケジューラーを見ながら調整を図れるのです。

　取組の三つ目が、「計画を確定していく仕組み」です。仕事を見える化し、協力をし合う計画を立てるためのツールとそれを共有して話し合う場づくりまではできました。そもそもこの取組の出発点は、平準化によって「部分休業の完全取得」と「最低月1回の年次有給休暇の取得」をめざすことでしたので、「部分休業の完全取得」に向けて平準化をしていくことに加えて、「最低月1回の年次有給休暇の所得」を計画化していくことが残っています。そこで、月1回マイライフデイと年次有給休暇を取得する日を事前に計画しておき、それをスケジューラーに記載してもらうようにしました。

　ここまで運用をしてみた結果をお聞きしましたが、1週間単位でのミーティングの実施で、業務とその所要時間を把握し、翌週取得する予定の休暇を把握するだけでは、仕事の繁忙期に職員の調整をしながら休暇の取得の調整まで行うのは難しいと感じているようでした。そもそも少人数の職場であるため、助け合う余力は、その人数によって

●第5章●働き方改革の実践例

比例するものですから、当然ながら繁忙の業務と年休のためのバック
アップの両方を吸収するのは1週間単位では難しいということでし
た。そこで更に運用レベルの工夫を行っていきます。

　まず、このD課は本庁舎でない場所にあり、会議等でたびたび本庁
舎に移動することがありましたが、ある職員が長時間にわたって離席
をすれば、その間の電話対応や来客対応等は在席している職員が行わ
ざるを得ず、人数が少ないとその影響は更に大きくなります。そこで、
全ての会議には参加せずに、資料を確認して済むものは参加しないな
ど、出席するかどうかの判断をしながら離席する回数を減らしていこ
うという取組を行うことにしました。また、課長、監督職、再任用職
員も含めて夕方に必ず席に残る当番を2名決めることにしました。2
名の理由は、外線が2本あり、その2本の外線対応ができるようにし
ていくためです。

　このことで、その時点において担当職員の3人中2人が部分休業取
得者というイレギュラーな状態の中、夕方の離席を減らし、夕方に部
分休業を取りやすくする環境、つまりは不要な会議への参加を減らす
という意識と、夕方席にいる当番を組むルールをつくることにより、
部分休業取得者が帰りやすい状態になったのです。また、週に1回の
ミーティングの際に、翌週の夕方当番を決めてスケジューラーに記載
し、毎朝の朝礼で、誰が夕方当番なのかを共有して、忘れてしまわな
いような工夫もしました。しかし、部分休業取得者の件は解決できて
も、年次有給休暇の件は未解決です。そこで、やることリストの作成
時期等を見直すことで、更に前もって調整ができるような形に変えら
れないか検討しました。

　ここで1点ポイントがあります。やるべきことを書き出して、優先
順位を付けて、スケジュールに落とし込んでいくこの思考プロセスは
とても重要なことで、これは窓口業務そのもの（自分で業務に取り掛

136

かるタイミングをコントロールできない仕事）を担当している職員以外においてはぜひ取り組んでいただきたいことです。

しかし、これを実施すると比較的手が空いている週に対して、その週でなくてもよいことを前倒しでやろうとし、空いているスケジュールを埋めようとしてしまいます。それぞれの職員のスケジュールを見ると、全員やることが一杯入力されていると、誰も余力がなく、協力し合えることができないと思ってしまいます。したがって、別にこの週でなくてもよいものというものが含まれているかどうかの確認が必要です。

緊急度が低いうちに、重要度の高い仕事を計画的に実施していかないと、常に重要度も緊急度も高い仕事に追われてしまうため、緊急度が低い仕事も計画的にスケジュールに落とし込んでいくことは重要ですが、助け合う余力がある場合は、それも見える化しておく必要があるのです。これは組織単位での運用レベルですが、個人単位でも似たようなことが言えます。1週間のスケジュールをびっしりと計画を組んでしまった週に限って、何かの突発事項が起きることが往々にしてあります。そうなるとびっしりと計画を組んだものが、突発事項によって実施できないわけですから、翌日もしくは翌週以降にずれ込んでしまい、計画倒れになり、その結果、計画そのものに対しての無力感が出て、計画をしていかなくなるという悪循環が生じてしまいます。

これを解消していくためにも、連絡や調整など一定の時間を要してしまうものや突発事項への対応枠そのものを計画化していくのです。そのような事態が発生すればその枠で対応すればよいですし、発生しなければ今週やらなくてもよいもの、またはチーム内の誰かの支援を行うという形にします。このように、1週間の時間を、各個人が毎週緊急度も重要度も高い仕事で週40時間を超えてしまうという状態にならないよう、業務管理シートなどを活用して事前に計画をし、助け

● 第5章 ● 働き方改革の実践例

合うための仕組みをつくり、チームで助け合って、チームとしての目標を達成していくように監督者が中心となって調整していくことが求められます。

さて、E課に話を戻すと、検討を重ねて、運用をしながら改善を行った結果、以下のようなルールを設定して、運用することとなりました。

図表5-21

実施日	実施概要	所用時間
都度	個人単位 ・やることリスト作成 ・スケジューラーへの反映	
毎週月・火曜日	個人単位 ・業務管理シート作成 ・スケジューラーへの反映	20～30分／個人
毎週水曜日	組織単位 ・課内会議 ・係内調整 ・係を超えての調整	10～20分／組織
毎月第3水曜日	組織単位 ・課内会議 ・年休取得日の共有	

まず、「① 業務内容を見える化＝やることリストの改版」（図表5-22）を個人単位で都度入力していき、大きなイベントや日程が確定している会議やアポイントなどは、都度スケジューラーに反映していきます。

次に、毎週月・火曜日に今週水曜日から翌週火曜日までの業務管理シート（図表5-23）を作成し、スケジューラー（図表5-24）に反映します。

138

5. 少人数の職場

図表5-22　やることリスト

大項目	中項目	小項目	備考	Help	着手予定日	完了予定日	済
相談員欠員補充	採用試験	部長・課長の予定を押さえる			11月27日	11月27日	済
		会議室を予約			11月27日	11月27日	済
		福祉相談員採用HPへの掲載依頼			11月29日	11月30日	済
		試験問題作成			11月29日	12月15日	済
		採用試験官			12月21日	12月21日	済
		選考結果通知			12月22日	12月27日	済
	任用庶務	初回登庁日相談			12月22日	12月27日	済
		委嘱状			12月22日	1月9日	済
		名札作成			12月22日	1月9日	済
		庁舎案内			1月10日	1月10日	済
		マイナンバー・通勤経路・誓約書			1月10日	1月10日	済
ジェンダー白書	●●●課ヒアリング	アポイントメントを取る			12月15日	12月28日	済
		依頼文作成			12月15日	12月28日	済
		質問事項送付依頼			12月15日	1月10日	済
		質問事項受領したら●●●課へ			12月15日	1月19日	済
		会議司会			1月22日	1月22日	済
		会議録作成			1月23日	1月30日	
働き方改革	取組発表	分担決定			1月4日	1月5日	済
		パワーポイント作成			1月5日	1月19日	済
		仮提出			1月23日	1月23日	
		最終ミーティング			1月25日	1月25日	
		パワーポイント修正			1月25日	1月30日	
		本提出			1月30日	1月30日	
		発表準備			1月30日	2月5日	
		取組発表会			2月5日	2月5日	
予算説明資料作成	入力作業	分担決定			1月4日	1月5日	済
		歳入	※様式未着		1月4日	1月19日	
		歳出			1月4日	1月19日	済
		委員会用資料作成			1月4日	1月26日	済

●第5章●働き方改革の実践例

図表5−23　業務管理シート

今週の業務管理シート
重要度・緊急度マトリックス

1　業務名	見込時間	予定日	実施日	3　業務名 (相談・DV)	見込時間
業務計画作成	2 h	1/19		予算説明資料作成	7 h
				予算説明資料作成	6 h
合計	2 h			合計	13 h
2　業務名	見込時間	予定日	実施日	6　業務名	見込時間
2市1町会議資料作成（事業計画・決裁）	6 h			働き方改革発表資料（パワポ）作成	5 h
				働き方改革発表資料（パワポ）作成	5 h
合計	6 h			合計	10 h
4　業務名	見込時間	予定日	実施日	7　業務名(打ち合わせ・研修等)	見込時間
定例ミーティング	0.5 h	1/17		業務管理シート入力	0.5 h
合計	0.5 h			合計	0.5 h

緊急度（高 ↑ … 低 ↓）

高 ← 重要度

◆今週の勤務時間（1日8時間）　　40時間
◆今週の見込み時間合計　　　　　35.8時間

（最大　　h／日）（最小　　h／日）

5. 少人数の職場

担当名　男女共同推進担当
作成者　　●●　●●
作成日　　1月9日

予定日	実施日	5　業務名 (事務・講座)	見込時間	予定日	実施日
1/15		照会・回答	2 h	1/18	
1/16					
		合計	2 h		
予定日	実施日	8　業務名 (センター管理)	見込時間	予定日	実施日
1/19					
1/20					
		合計	0 h		
予定日	実施日	9　業務名 (課内庶務)	見込時間	予定日	実施日
1/15		決裁	0.2 h	1/15	
		決裁（昼当番）	1 h	1/16	
		決裁	0.2 h	1/17	
		決裁	0.2 h	1/18	
		決裁	0.2 h	1/19	
		合計	1.8 h		

⟶　低

●働き方改革の発表シートについて、進捗状況確認して必要な措置を講じる。
●業務計画について各担当の分担を協議する。

●第5章●働き方改革の実践例

図表5-24　スケジューラー

メンバー名	行き先1/19(金)	1/15 (月)	16 (火)	17 (水)
	在席	※職員課へ通勤経路の件	昼当番 (1H)	昼当番 (1H)
		(0.5H) 決裁	(0.5H) 決裁	(0.5H) 決裁
		(7.0H) 予算説明資料作成	(6.0H) 予算説明資料作成	(6.0H) 2市1町会議資料作成
				(09：00) (0.5H) 定例ミーティング
	在席	※債権債務者登録忘れないこと	(1.0H) 推進会議資料作成	(3.0H) イントラネット改修作業
		(1.5H) パブコメ回答作成	(5.5H) パブコメ回答作成	(09：00) (0.5H) 定例ミーティング
		(6.0H) 予算説明資料作成	11：00 (1.0H) 働き方改革PT	12:30 (直帰) 国庫事務担当者説明会
	不在	出動日	出動日	出動日
		(7.5H) センター管理庶務	(3.5H) 防災冊子座談会協力者	(2.0H) センター管理庶務
			(4.0H) センター管理庶務	(09：00) (0.5H) 定例ミーティング
				(09：30) (1.0H) 啓発パネル移送
	不在			療養休暇
	在席	昼当番 (1H)	(0.5H) 庶務	※出張命令忘れずに
		(0.5H) 平和3DAYS注意事項作成	(2.0H) イントラネット改修作業	(1.0H) ●●市交流確認作業
		(5.5H) 外国版市民便利帳作成	(3.5H) 外国版市民便利帳作成	(2.5H) 予算説明資料作成
		09：00 (1.5H) オリンピック会議	11：00 (1.0H) 職員課協議	(3.5H) 外国版市民便利帳作成
			13：00 (1.0H) 学校教育指導課協議	09：00 (0.5H) 定例ミーティング
	在席	(2.0H) 館内掲示物作成	(2.0H) 館内掲示物作成	(1.5H) 託児従事者依頼
		(3.0H) 市民アンケート集計作業	(3.0H) 市民アンケート集計作業	(3.0H) 市民アンケート集計作業
				09：00 (0.5H) 定例ミーティング
おしらせ	在席		08：00 自動ドア保守点検	

142

5. 少人数の職場

18（木）	19（金）	20（土）	21（日）
(0.5H) 決裁	(0.5H) 決裁		
(2.0H) 照会・回答	(2.0H) 業務計画作成		
(5.0H) 働き方改革発表準備	(5.0H) 働き方改革発表準備		
年 休	(3.5H) パブコメ回答作成		
	(4.0H) パブコメ各課回答とりまとめ		
（インフルエンザ）			
昼当番 (1H)	(2.0H) イントラネット改修作業		
※ちらし印刷を嘱託へ依頼	(4.5H) 外国版市民便利帳作成		
(1.0H) 担当ミーティング	10：00 (0.5H) 文化●●さん		
09：30 (2.0H) 協議	11：00 (0.5H) スポーツ●●さん		
14：00 (直帰) 国際交流会議			
(1.0H) チラシ類配架作業	(1.0H) チラシ類配架作業		
(1.0H) 託児従事者調整	(1.0H) 託児従事者調整		
(3.0H) 市民アンケート集計作業	(3.0H) 市民アンケート集計作業		
10：00自家用電気設備定期点検			7：30床面定期清掃

そしてこれらの情報を基に、毎週水曜日に課内で全員が集まり、係内での業務の調整を、それで及ばない場合は係を超えて課としての調整を行い、できるだけ全員が時間内で業務を実施できるようにしていきます。

また、毎週水曜日に行っているミーティングのうち毎月第3水曜日のミーティングでは翌月の年次有給休暇取得予定日を全員で確認し、そこでもできるだけ全員が計画通り取得できるよう調整が必要なものは調整を行っていく形にしました。

⑤　成果・効果

取組の成果としては、三つのツールと、調整を図るコミュニケーションをする場の設定、そしてそれをいつ行うかのルールを決めた仕組みそのものです。

取組の効果として、「業務内容の見える化＝やることリスト」については、業務内容を可視化・共有化することで、①定型的業務のマニュアルになり、②業務の属人化の解消にもつながり、③事務処理の抜け漏れのチェックに役立ち、④事務引継ぎへの活用による効率化にもつながるというように、一つのツールで四つの効果が出ました。また、これまで特定の業務を担当していた嘱託職員についても手が空いている際は、書き出した業務の中の「Help」マークを見て、手伝いができる状態をつくり、多面的な業務改善につながっていきました。単に作業的な手伝いに留まらず、監督職への相談であったり、職員からのアイデアをもらうことであったり、チームに助けてほしいと思うことを発信できる定例の機会ができたのです。

「業務管理の見える化＝業務管理シート」については、業務管理を可視化・共有化することで、「ムリ・ムダ・ムラ」がなくなり、業務の効率性が高まるほか、チーム全体の進捗管理が容易になりました。

「スケジュールの見える化＝スケジューラー活用の高度化」については、各職員のスケジュールを可視化・共有化することで、業務負荷の平準化に役立ちチーム全体の生産性向上につながりました。

この三つのツールと、調整を図るコミュニケーションを取る場、そしてそれをいつ行うかのルールを決め、全てのものを融合させた仕組みづくりを行って、部分休業取得者の計画取得率は100％になり、最低月１回の年次有給休暇を取得した職員は100％となり、運用していく前の上半期と比較して240％も増加したのです。

(2) Ｆ課の実践例

① 部門概要

Ｆ課は児童生徒の就学・転出入学、就学時健康診断、給食、就学援助、教職員服務、小中学校の学級編成、教職員定数管理を行う課で、主に就学に係る事務を担当している係は、監督職１名、担当職員３名と再任用職員１名、臨時職員１名という構成です。課の筆頭係として課内の予算、決算、課内の庶務、課内総括としての取りまとめ等を監督職が担い一部事務事業も担当していました。担当は、学校教育法に則った学齢簿の編纂及び加除修正、就学事務、通学路改善要望の取りまとめ、就学援助事務、特別支援教育就学奨励事務、体育の授業などでけがをした児童生徒に対して治療費の給付を行う独立行政法人日本スポーツ振興センター災害共済給付事務などを担当しています。

② 取組前の状況

ここ数年注目が集まっている教員の時間外勤務については、文部科学省を中心に、学校現場の時間外勤務を削減すべく、様々な取組が教

●第5章●働き方改革の実践例

育委員会を中心に、各学校へと広がっています。それを支援する立場である教育委員会内のこのF課も時間外勤務が多く、職場単位で行う働き方改革のコンサルティングの支援を受けることになりました。

③　取組内容

　取組当初は、人数が少ない職場であったため、先のE課同様に助け合いの仕組み化をめざすことを進めていこうと考えましたが、それよりも先にこれまで引き継いできた仕事のやり方に対して、非効率だと思いながら、多忙がゆえに着手できていなかったことがあるので、まずはそれらを含めて細かなことでも改善していこうということになりました。

　正規職員が、非常勤職員や臨時職員に対して、毎日その日の作業内容を指示していること、保護者からの相談内容について記録している記録票を、その担当者が一次保管をしているため、他の職員が問い合わせ等を受けた時に容易に探し出せないことが多いこと、保護者への通知が複数あり、そのたびかなりの時間を要していたこと、学校側で入力できる情報を、F課の方で代行して入力していたこと、各学校に配布する帳票類をF課で一括印刷して送付したものに各学校で学校名のスタンプを押して利用しており双方に合理化の要望があったなど、ヒアリングをしていくと多くの改善点が出されていきました。

　そこで、「就学事務の改善」「窓口対応の標準化」「学校との作業分担の改善」ができている状態をめざし、「就学事務のシステマチック化」「通知業務のプロセス改善」「学校職員との作業分担の見直し」に取り組むこととしました。

　ここでは紙面の関係上、「就学事務のシステマチック化」についてのみ取り上げます。

　取組以前の流れ等の詳細については割愛しますが、改善については

146

5. 少人数の職場

大きく下記の流れで進めました。

(ア) 全工程の詳細を見える化

(イ) そのうち非常勤職員・臨時職員に担当してほしいことを明確化

(ウ) キャビネットや書棚を利用して、文書の状況ごとに保管場所を定める

(エ) それぞれのキャビネット、書棚の特定場所に保管されたものの処理担当者を定める

(オ) 処理担当者は、特定場所にある文章を取って処理を行い、次の工程の保管場所へ文章を置くことにする

「(ア) 全工程の詳細を見える化」と「(イ) 非常勤職員・臨時職員に担当してほしいことを明確化」については、就学事務の年間スケジュールを詳細に記載し、処理方法についての説明がないと難しいものについてはマニュアルを作成しました（**図表5−25**）。

147

図表5-25 就学事務年間スケジュール

H28就学事務年間スケジュール

> リンクをクリックすると該当のマニュアルまたはフォルダが表示される。

H29.2/8現在

月		チェック	やること		マニュアル1	マニュアル2
4月	上旬		学齢簿システム年度更新		リンク	
	中旬		児童生徒名簿提出依頼	GW明け〆切。学務課、指導課、教育センター等3部依頼	リンク	
			情報へ5/1全住民データ抽出依頼	情報へ専用の依頼票をシステム内発送	リンク	
			県からの震災被災児童5/1受入調査	市民相談に5/1時点のデータ提供依頼	リンク	
	下旬		体験入学希望者からのTEL増えてくる	要望受⇒学校へ可否確認⇒保護者へ可否連絡⇒手続き	リンク	リンク
5月	上旬		教政より5/1未就学児調査依頼	5月最終週まで。学区注意（集計エクセルあり）	リンク	
			教指より新小1の人数資料依頼（教科書）	6月中旬まで。内容は↑の教政資料を渡せばよい	リンク	
			教政より新1年生の特認地域状況調査	特認地域の新小1の選択状況調査（居住者数/指定数）	リンク	リンク
			●●市教委へ委託地域校の名簿送付		リンク	
	中旬		児童生徒名簿を学齢簿と突合せ	●●●さんに依頼。8月くらいまでに目途。		
	下旬					
6月	上旬					
	中旬					
	下旬					
7月	上旬		情報へ8/1●●住民データ抽出依頼	教政より依頼くる。情報へ専用の依頼票をシステム内発送	リンク	
	中旬		教政より9月●●説明会ラベルシール作成依頼	↑の依頼。処理は8/1以降（情報からデータ来てから）		
	下旬		ベンダーへ9/1、10/1新入学データ取込依頼	2日や3日には取り込みたいので必ず日程を抑えておくこと。	リンク	
8月	上旬		9月●●説明会ラベルシール作成	〜8/5前後まで、保護者氏名要確認。ラベルは情報がくれた。	リンク	
			10/1新入学データ取込打合せ	情報とベンダーと洗い替え及び取込の調整		
			9/1、10/1の新入学データ抽出依頼	9/1テスト用、10/1本番用と各々の処理依頼を情報へかける。	リンク	リンク
			新入学用就学通知書用紙残数確認	小（ピンク）2500枚、中（白）2500枚必要。（書き換え用含む）		
	中旬		部活動理由検討委員会準備		リンク	
			部活設置状況調査を各中学校へ照会		リンク	
			新中1（現小6）の学齢簿・児童名簿突合	新入学に向け学齢簿システム上で在籍校が間違っていたら修正。		
			新入学予定者名簿スケジュール打合せ	保健給食担当とスケジュールや進め方について打合せ。		
	下旬		5/1のデータで新入学の特認居住者チェック	先行着手。後程、9/1・10/1のデータと突合し差分をチェックする。		
			5/1のデータで新入学の桁数オーバー者チェック	先行着手。後程、9/1・10/1のデータと突合し差分をチェックする。		
			5/1のデータで新入学の保護者修正	先行着手。後程、9/1・10/1のデータと突合し差分をチェックする。	リンク	
			5/1のデータで新入学の外字チェック	先行着手。後程、9/1・10/1のデータと突合し差分をチェックする。		
			5/1のデータで新入学の外国籍児童チェック	先行着手。後程、9/1・10/1のデータと突合し差分をチェックする。		
			5/1のデータで新入学の通称使用保護者チェック	先行着手。後程、9/1・10/1のデータと突合し差分をチェックする。		
			学齢簿で新中1（現小6）のデータ抜けチェック	学齢簿システムで保護者氏名や郵便番号が抜けていないか。		
			学齢簿で新中1（現小6）の特認チェック	先行着手。後程、9/1・10/1のデータと突合し差分をチェックする。		
			学齢簿で新中1（現小6）の外国籍生徒チェック	先行着手。後程、9/1・10/1のデータと突合し差分をチェックする。		

5. 少人数の職場

　この工程を洗い出した中で、非常勤職員、臨時職員で行ってほしいことを決めました。全体の工程の中のどれを担当してほしいかが分かると、実施する方も全体のどこを担当し、前工程が何で後工程が何かが分かるため、全体感をもって仕事をすることが可能になります。その日にやってほしいことを都度指示する形とは大きな違いです。

　次に「処理工程ごとの書類の保管場所を設定」については、トレイごとに書類の状況に応じた保管場所を設定しました。

① 窓口終了後、書類を学年別トレイに収納。
② 担当者が書類を確認後、臨時・非常勤用トレイへ収納。
③ 臨時・非常勤用職員が書類一次処理後、担当者の職員用トレイへ収納。
④ 担当職員が決裁等最終処理。

　そして、それぞれのトレイごとに工程の中のどの部分であるのかと誰が担当するのかを定め、処理担当者は、特定場所にある文書を取って処理を行い、次の工程の保管場所へ文書を置くことにすることで、システマチックな事務フローができ上がりました。

④ 成果・効果

　活動による成果は、このシステマチックな事務フローの構築です。そして効果として、これまでの担当者が一次保管をして都度依頼をする形に比べ手待ち時間が減ることにより、生産性の向上につながったわけです。それ以外にも、処理工程の「見える化」により監督職の進捗管理が容易になったこと、事務処理工程の「標準化」により担当職員の負荷分散ができたことが挙げられます。結果として全体に業務に対する余裕が生まれ、他の改善にも着手できたのです。具体的には、学校や保護者宅等への訪問や、現地確認の時間が確保できたことにより、学校との「連携強化」、相談者の「アフターケア」に着手できるようになったので、この取組は、第1章の「2．地方自治体の生産性」で紹介した図表1-5の、"Input（人×時間）"を減らした分で、新たな"Output（成果・効果）"を増やす取組ができたことになります。

図表1-5（再掲）

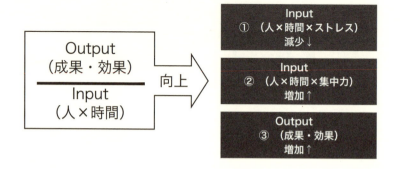

5. 少人数の職場

〈少人数の職場〉のポイント

■チームで仕事を進めていくために仕事の工程表をつくり、担当以外
　でも全体像が分かる状態をつくること
■担当ごとに時間の先行管理を行う以外に、チームとしての時間の先
　行管理を行って、全体の生産性を上げることに着目すること
■助け合えるための仕組みづくり（ツールを作成し、運用のためのルー
　ルを決める）を行って、後戻りしないようにすること

●第5章●働き方改革の実践例

6. 正解のない、考える業務が多い職場

① G課部門概要

　都市政策、住宅政策、交通政策、コミュニティバスの運営を行うG課は、課長以下、管理職1名、監督職3名、担当職員6名で三つのラインがあります。都市政策担当は、都市防災、都市マスタープランの進行管理や見直し。住宅政策担当は、住宅政策、住環境に関すること。交通計画担当は、バリアフリー基本構想、自転車プラン推進事業、乗合交通整備計画推進事業、コミュニティバス運行事業、鉄道施策、駅や踏切の対策を担っています。

② 取組前の状況

　関連法に基づいての手続きや、マニュアルに基づいての作業などの定型的な業務がない政策立案部門であり、何が問題で、何に取り組むかの課題を設定し、施策等を検討していく、いわゆる企画立案の仕事がほとんどを占めるという特性のあるG課では、企画立案から実施の過程において多様な外部団体との関わりが多く、調整ごとが多いため、業務の進捗もその団体の影響を受けやすい状態でした。また、政策部門として立ち上げた事業を他の課に引き継げていない状態のため、担当職員の業務負荷が増加する傾向が続いていました。

③ 取組概要

　政策部門のため、企画立案や会議体の運営のための資料作成など、思考業務が中心です。そのため、一人ひとりの職員がそれぞれ専門性

152

の高い業務を担当していて、他の職員との協業ができていないことから個人負荷が大きい状態であり、また担当職員の異動への備えができていないことにも着目し、大きく二つの取組を行うことにしました。

　一つは「担当間連携の『仕組み化』により個人の業務負荷が軽減し、日頃から職員の異動を見据えたマネジメントが行われている状態をめざすこと」、もう一つは「事業構築等の仕組みが標準化され、ルールに基づいた運用によって効率的な事業構築等が行われている状態をめざすこと」でした。

　それぞれの取組内容としては、「ライン間の連携ができるよう監督職以上の会議を開催すること」、「事業構築と進行管理の課内共有ツールを作成すること」です。

　これにより、「監督職以上の定例会議」では、①「担当者以外の新しい視点による課題解決に向けた提案がもらえる」ことにより、②「仕組みとして定例開催することで、より自然に一体感を持って助け合える環境が実現」しました。「課内共有ツール作成と運用ルール」では、①「検討事項等が明確化したことで思考業務のムダ・ムラが軽減」され、②「それにより悩む時間が短縮されて職員のストレスが軽減」しました。

④　取組内容

i　取組当初

　これまでご紹介してきた取組同様に、チームで助け合うことを目的にし、「仕事の見える化＝工程表」を作成していただき、チーム内で共有化を図り、協力できることを話し合う場づくりを提案しました。しかしながら、作成の時間、共有のための時間など、負担が大きい割にその見返りが少ないという印象をお持ちでした。

　これは、G課の特性が影響をしています。G課は政策立案の部門の

ため、助け合うことが比較的容易な作業レベルの業務が非常に少なかったのです。つまり、工程を洗い出して共有したところで、何を支援してほしいのかが分かりにくかったため、工程表の作成・共有化に消極的だったのです。したがって、このG課ではその特性に合った取組が必要と考え、その方法を模索していきました。そこで、コンサルタントから実際に現在立案をしているものを一緒に検討してみて、何が必要になるかを検討しようと提案しました。

そして、心のバリアフリーの計画を策定している職員に、定例のコンサルタントとのセッションの場にお越しいただき、取組の目的、現在の状況をお聞かせいただいて、困っていることをヒアリングしました。何度か質問をさせていただき、それについて考えながらお答えいただく過程を経て、何が不明確で何を決めなければならないかが見えてきました。

「心のバリアフリーの啓発事業」ではハード面の整備ではなく、住民を対象としているため、どの対象に、どの状態をつくり出すのかが、最初に検討する項目として必要になります。具体的には、対象はセグメンテーション（顧客の細分化）で、状態においてはステップを考えること、つまりは誰にどれぐらいという点を整理することが必要だということが見えてきます。次に、どれぐらいという点は、ローリングを考えることが必要だということが見えてきます。いきなり全市民が知っている、行動ができる状態をめざしても、予算と時間の関係から実現は困難です。つまり、段階を踏んでいくことをベースにして考えることが必要で、その場合、波及効果を狙うことも視野に入れて、どのような手順を踏んでいくべきかを検討することが必要だと見えてきます。

ii　具体的な取組

このような検討を経て、各担当の業務の工程を共有して助け合える

ことを探すことよりも、抱えている課題について相談する場を設けることの方が有意義であることが分かりました。そこで、一つ目の取組である「ライン間の連携ができるよう監督職以上の会議を開催すること」に発展していきました。

ここでは、一旦相談を受けるための理解に時間が掛かるものの、相談する方、相談に乗る方の双方の負担が比較的小さいことと、これまでの知見や他の取組の情報による新たな視点による解決策の提案をいただくことができたことにより、建設的な場とすることができました。

「心のバリアフリーの啓発事業」以外では、いつ来るか分からない大災害に備える「復興準備の方針」づくりについても一緒に検討し、方針策定や事業構築に必要な検討事項の整理を行って、課内での共有ツールを策定する必要性が見えてきました。そこで、新たな業務の着手時において、悩む時間を短縮し、ストレスを軽減するための三つのツール（図表5-26）をコンサルタントより提案しました。

図表5-26　ツールの作成ステップ

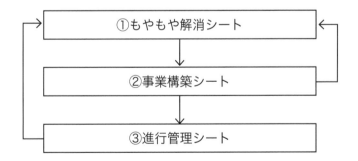

「①もやもや解消シート」は、仕事を進めていく上で、"もやもや"していることがあった際に、担当職員と係長との間で話し合いをしながら、"もやもや"していることを解消することを目的として使用するものです。

● 第5章 ● 働き方改革の実践例

図表5-27　もやもや解消シート作成例

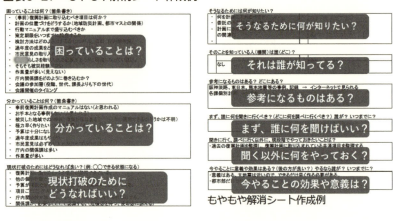

「②事業構築シート」は、全体のステップと大日程（年単位）を検討することを目的として使用するものです。第2章「2．成果と効果の連動性」で紹介した「図表2-1　仕事と管理の体系図」をこのG課向けにアレンジしたものです。

図表5-28　事業構築シート作成例

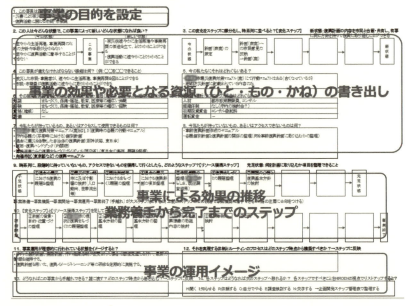

156

そして最後に、「③進行管理シート」で、業務着手から完了までをいくつかのステップに分け、ステップごとに目標と実施すべきことを記載し、進行管理に役立てるものです。

図表5-29　進行管理シート作成例

No. ステップ名称	計画の目的、背景、位置付けの明確化 ～平成29年3月	○○市の現状と復興まちづくりの課題整理	分野別の復興基本方針の整理	地域別の復興基本方針の整理	平崎からの復興準備の取組内容の検討 ～平成30年3月	復興体制の検討 平成30年4月～	改訂 平成30年4月～
計画時の所要期間 [～]							
定性的ゴール：どのような状態になれば、次のステップへ移れるか				ステップごとの定性的、定量的な目標を設定			
定量的ゴール：何がアウトプット、もしくは確認できれば、次のステップへ移れるか							
実施すべきタスク				ステップごとのタスクを設定			
考え得る修羅場面（対象をタスクに反映する）							
アイディア・ジェネレーション会議結果結果			各ステップの目標を達成していることを確認してから、次のステップへ進む				
トールゲート・レビュー結果							

状況に応じてこれら三つのツールを用いて仕事を行い、思考業務の効率化を図ることとなりました。

⑤　成果・効果

先にも記載した通り、「監督職以上の定例会議」では、①「担当者以外の新しい視点による課題解決に向けた提案がもらえる」ことにより、②「仕組みとして定例開催することで、より自然に一体感を持って助け合える環境が実現」しました。「課内共有ツール作成と運用ルール」では、①「検討事項等が明確化したことで思考業務のムダ・ムラが軽減」され、②「それにより悩む時間が短縮されて職員のストレスが軽減」しました。

また、三つのツールを使用していくことで、"ノウハウの蓄積"に

● 第5章 ● 働き方改革の実践例

なり、"異動時の引継ぎにも活用ができること"、"異動間もない担当
者の人材育成に活用ができること"、"思考業務の見える化による情
報共有で会議等に活用できること"と、他の活用イメージを持ってい
ただき、積極的に活用していくこととなりました。

　思考業務が主たる仕事の特性を持っている場合、チームとして助け
合いを展開していくには、思考業務の見える化を図って情報共有を行
うことが求められます。

〈正解のない、考える業務が多い職場〉のポイント

■思考する業務こそ、見える化を行わなければ仕事の状況や中身が分
　からないため、見える化を行うこと
■思考業務は、綺麗に流れていくものではなく、前工程や後工程また
　は目的と手段を行ったり来たりしながら精緻化されていくため、全
　体像を最初からつくって、思考を進めながら改定を進めていくこと
■助け合えるための仕組みづくり（ツールを作成し、運用のためのルー
　ルを決める）を行って、後戻りしないようにすること

7. 一人ひとりが全く違う専門性の高い職場

① H課部門概要

　商工業振興、中小企業金融対策、企業誘致、計量業務、観光事業等を行うH課は、課長以下商工業振興の担当、観光の担当、道の駅整備推進の担当と三つのラインがあります。そのうちの商工業振興を担当するラインでは、監督職1名と5名の担当職員から構成されています。

　部の筆頭課としての部の庶務、課の筆頭係として課の庶務と全庁的な計画及び予算、決算、議会に関連することを監督者が担当し、担当職員は、産業全般、計量事務、商業施策、工業施策、中小企業支援施策、創業支援施策と、実に幅広い分野の業務を担当しています。

② 取組前の状況

　課単位での働き方改革の取組で、コンサルタントとの最初のセッションを行う前に、課の職員全員に問題等のアンケートを取っていただき、1回目のセッションの際にお持ちいただきました。

　分類されたものには、「業務に関すること」「組織運営に関すること」「時間外勤務に関すること」など24項目がありました。内容的には、問題と課題とが入り交ざった形でしたので、整理が必要な状況でした。そこで、主に課の監督職以上の職員で改めて問題点を整理いただき、取組テーマを検討いただく場を持ちました。その結果、ラインごとに置かれている状況の差異が大きいことから、ラインごとにセッションを進めていくことにしました。ここでは商工業振興を担当するラインについて紹介します。

●第5章● 働き方改革の実践例

　これまでも何度か触れてきていますが、合理性の追求の結果、事務分担が細分化される傾向にあり、H課のこのラインも同様で、産業全般、軽量事務、商業施策、工業施策、中小企業支援施策、創業支援施策と多岐にわたる業務を、それぞれ違う職員で担当していました。このように各担当職員で違う仕事を担っていると、担当職員しか把握できていない案件や経緯が増えていきます。そして、毎日のようにある相談対応等に対して、担当者が不在の際などは、それまでの経緯等を調べるのに時間が掛かり、相談者への素早いレスポンスができない状態となっていました。

③　取組概要

　そこで、担当職員の不在や必ずある人事異動にも耐えうる「担当職員間の情報共有ができている状態」と「担当外業務についての知識の習得を図り、進捗状況の把握ができる状態」を、1年間の取組においてめざす状態として設定しました。そのために大きく下記2点の取組を行いました。
　（ア）事業者等とのやり取りを管理する仕組みづくり
　（イ）担当者間での情報共有時間を確保する
　その結果として、対応記録簿を一元管理するシステムを作成し、ライン内での朝礼・月例打合せを実施することで、状況等の確認を行う仕組みができ、ライン内の担当職員間の報告・連絡・相談のコミュニケーションが活発に行われるようになり、お互いの業務をフォローし合える仕組みとなっていったのです。

④　取組内容

　「（ア）事業者等とのやり取りを管理する仕組みづくり」においては、

160

四つの段階を踏んで進めました。①現状把握、②記録項目の精査、③対応記録簿のシステム構築、④過去の記録の移行と今後の情報の蓄積です。

　現状把握においては、問題と対策を明確にすることが重要です。ここでの問題は、「それまでの経緯等を調べるのに時間が掛かり、相談者への素早いレスポンスができない」ことです。対策は、「記録するためのシステムを構築して、検索して経緯が分かるようにする」ことです。なぜそれが重要かというと、どこまで情報を盛り込むのか、どのように入力するのかという点について、どうしてもあれもこれもという具合になりがちだからです。目的は検索性を高めて素早いレスポンスができるようになることですので、それに対して、全員で意見出しを行って精査していただきました。

　対応記録簿のシステム構築については、情報量が多くエクセルでの管理は難しかったため、マイクロソフト社の簡易データベースソフトであるアクセスで構築することにしました。その画面の例が**図表5−30**です。

●第5章●働き方改革の実践例

図表5-30　アクセスでの対応記録簿

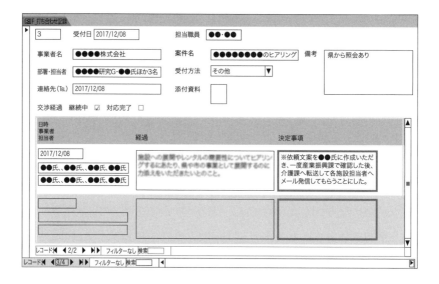

　もう一つの「(イ) 担当者間での情報共有時間を確保する」については、朝礼での「今日やることの共有」と、月1回の月例打合せでの進捗状況の共有、それに、担当外の業務の知識習得を行う取組を行いました。これは、先に紹介した「少人数の職場のE課」または「新規採用職員や若手職員が多い職場のC課」の事例の方が、一歩進んだ取組でもあり、そちらも合わせて参考にしていただければと思います。

⑤　成果・効果

　成果としては、「事業者等とのやり取りを管理する対応記録簿システムの構築」と「担当者間での情報共有時間を確保するための会議体の設置」です。これによって、ファイルサーバーの各種フォルダに様々な形態で格納されている記録簿を一括管理することができ、検索性とアクセス性の向上が図れました。また、ツールの運用検討に当たり、会議や打ち合わせの記録を作成する基準を見直し、業務の効率化を図

りました。朝礼・月例打ち合わせの実施では、担当内での報告・連絡・相談等のコミュニケーションが活発に行われるようになり、予定や業務の「見える化」によって、お互いの業務をフォローする機会が増えました。定量的な効果検証までは至りませんでしたが、最初に課の職員全員にアンケートをした際の中心的な問題であった担当での業務の偏り、すなわち人に仕事が付いていて、引継ぎや情報の共有がしにくいため異動時に生産性が落ちる、ということに対しては、一歩前進したと言えます。

〈一人ひとりが全く違う専門性の高い職場〉のポイント

■それぞれ専門性が高い仕事をしていても助け合えるポイントを探すこと、そのうえで情報の一元管理を行うことが重要になること

■情報があふれる現代においては、情報を持つべき人が自発的に取りに来ることを期待せずに、情報を発信する場を設けることで、一定の水準まで理解できている状態をつくること

■助け合えるための仕組みづくり（ツールを作成し、運用のためのルールを決める）を行って、後戻りしないようにすること

8. まとめ

これまで以下の七つの事例を紹介してきました。

(1) 大所帯で様々な仕事を担当している職場（起きていることを把握する）
(2) チームで同種の業務を行っている職場（よりよいやり方を見つける）
(3) 季節性があって一定時期繁忙になる職場（細分化して協力する）
(4) 新規採用職員や若手職員が多い職場（育成を計画的に行う）
(5) 少人数の職場（緻密な助け合いの仕組みをつくる）
(6) 正解のない、考える業務が多い職場（知恵を共有する）
(7) 一人ひとりが全く違う専門性の高い職場（一次対応を助け合う）

いかがでしたでしょうか。読者の職場の特性に合致した事例はありましたでしょうか。

完璧に合致することはないにしても、網羅的に事例をピックアップしましたので、一定の参考になれば幸いです。

さて、ここでこの章のまとめをしたいと思います。

どの事例でも、"見える化"がキーワードとしてあったと思います。なぜそれが必要なのかを、改めて整理してみます。

働き方改革の取組の前に状況のヒアリングをさせていただくと、下記のようなことをよくお聞きします。

① 業務の平準化
・担当間の協力体制ができていない

8. まとめ

　　・担当ごとに繁忙・閑散の差が激しい

　　・土日祝や時間外のイベントが多い

②　情報の共有化

　　・課内の職員の仕事が分からない

　　・何に困っているか分からない

　　・分からないから助け合えない

　上記を解決していくうえでは、何をおいてもまず状況の"見える化"をしなければ始まらないわけです。

　仕事そのものの"見える化"もそうですが、職員ごとに仕事の管理をしていることでブラックボックスになっていることもあります。

　職員ごとに、仕事の管理の仕方は様々です。入庁時、新規採用研修等で「仕事の管理」のようなことは、一度は学んだことはあると思いますが、実践としては先輩職員の見様見真似か独自に編み出したものなど、往々にして我流化しています。

　事例としては、下記のようなものです。

◆時系列に項目を記載

メリット：全体の流れは把握できる

デメリット：詳細は分からない

基準日	今年度	内容	所用時間
11/1	11/10	仕様書見直し	2時間
11/20	11/20	見積合わせ	1時間
…	…	…	…
…	…	…	…

◆引継ぎ書・マニュアル

メリット：微細が分かる

デメリット：全体がつかみづらい

1. 申請書作成～発送（毎月15日前後）

(1) 高額療養費の申請書作成

　① 国保総合システムからデータをダウンロード

　② ……

　　　　　　　・
　　　　　　　・
　　　　　　　・

165

● 第5章 ● 働き方改革の実践例

◆チェックリスト

メリット：抜け漏れが分かる
デメリット：業務管理ではない

```
【新規申請】
提出物チェック
  □ 身体障害者手帳交付申請（届出）書
  □ 身体障害者手帳 診断書
    （A3  枚・A4  枚）
  □ 写真
  □ 印鑑
  □ その他（           ）
```

◆To Doリスト

メリット：やることに集中できる
デメリット：全体がつかみづらい

✓	内　容	期日
☑	臨時職員登録	4/30
☑	各課への照会	5/1
□	⋮	
□	⋮	

◆手帳で管理

メリット：スケジュール感が分かる
デメリット：共有ができない

10月			
3日(月)	10時 15時	課内会議 審議会	前回議事録確認 委員への事前連絡
4日(火)	…	…	
	…	…	
5日(水)	…	…	
	…	…	
6日(木)	…	…	
	…	…	
7日(金)	…	…	
	…	…	

◆付箋で書き出し

メリット：都度更新できる
デメリット：優先順位が分からない

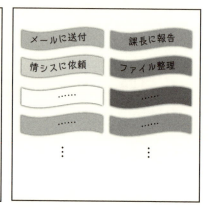

それぞれの方法にメリット、デメリットがあるため、一般的にはそれを解決すべく複合的に使用して管理されていると思います。一般行政職においては一人一台パソコンが割り当てられていること、個人所有ですがスマートフォンの所有率がかなり高くなってきたことから、情報管理をデータで行っていることも増えました。しかし、個人にしか分からない方法で仕事の管理をしていけば、それは自ずとブラックボックスに、つまり自分以外の誰にも分からない、分かりにくい状態となっていくのです。

　従前の職場は、**図表5-31**のように長を中心に仕事を分担、協力して推進できていたものが、現在の職場では合理性の追求の結果、担当制がしっかりとしているため、かえって互いの仕事が分からず、長でさえも把握しきれていない状態になってきています（**図表5-32**）。

図表5-31

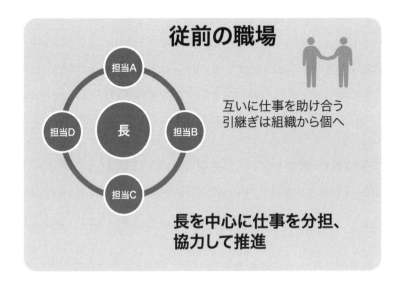

● 第5章 ● 働き方改革の実践例

図表5-32

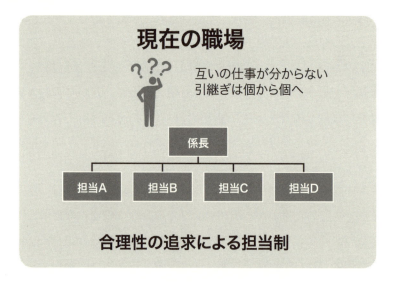

　これでは、先に記載した「業務の平準化」「情報の共有化」を行って協力し合うのが難しくなるわけです。また、グループウェアなどでスケジューラーを活用している団体も多いですが、スケジューラーの運用そのものに問題がある場合が多いです。
　図表5-33のように、スケジューラーは、メンバーの状況が把握できること、ちょっとした離席か外出なのか把握できるのがメリットです。一方で、アポイント名を入れているだけだと、離席してどこに居るかは分かっても、何をしているかまでは分かりません。また在席している場合は、離席していないと何も入力されていないケースがほとんどで、その職員が何をしているかは不明です。結局よいツールがあっても、誰が何をしているかは分からないような運用になっているのです。
　それを解決すべく"見える化"したら、次に必要なのは、共有して検討をしていくことです。そして、改善をしていく方策を決めて、効

8. まとめ

図表5-33

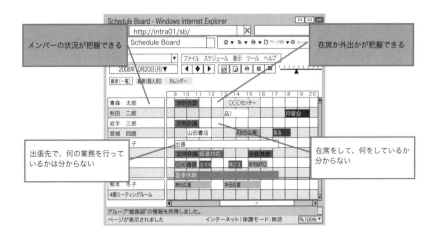

果検証のための指標を設定し、期待通りの進展ができているかを検討することが重要です。期待通りにならなければどこを改善すべきか(運用レベルなのかツールレベルなのか)を検討し、更に改善を進めて、運用ルールを固めて運用を本格的に進めていきます。このようにしていくことで、職員の異動があっても後戻りしていかない形にすることができます。

　合理化の追求のもと、職員ごとに違う業務を担当している状態は、どの地方自治体でも散見されます。チームとして組織運営し、業務の平準化、組織全体の生産性向上を図るためには、次のことが必要です。

>
>
> ## チーム化のために必要なこと
>
> **①仕事を詳細にブレイクダウンして共有化する**
> - まとまった仕事を仕上げる手順の設計ができていない（分からない）
>   - 仕事を仕上げるためのアクションを列挙し、なすべき順番に計画化
> - どのタイミングで、誰の力を借りればよいか分からない
>   - 今後、どのようなことに取り組む予定かが明確化
>
>   上記を通じて分からないこと、支援してほしいことを明確化
>
> **②一対一から"多対多"のスピードコミュニケーションを図る**
> - 上司と部下だけでは、上司の力量や時間に左右される
>   - 手持ち・手戻り時間を削減するため、全員でコミュニケーション
> - 会議体だけでは、その間の変更等機動的に対応ができない
>   - 日常的に、リスケジュールすることが発生しても共有化される仕組み

お勧めするのは、「少人数の職場のE課」の取組です。

① 業務内容の見える化
② 業務管理の見える化
③ スケジュール（いつ何をする）の見える化

の三つの見える化をし、時間に限りがある中で、組織単位で予定と実績を管理し、担当間の繁閑や習熟度の差を鑑みて、助け合いができるようにしていくことです。これができていれば、職員の異動があっても一定のレベルに保つための情報が残されていますので、引継ぎでの一時的な生産性のダウンを抑えることにも貢献していくのです。

8. まとめ

図表5-34　三つの見える化のためのツール

やることリスト

大項目	中項目	小項目	着手	完了	済	HELP
＊＊＊＊	＊＊＊＊	＊＊＊＊	1/4	1/18	済	
		＊＊＊＊	1/4	1/18	済	
	＊＊＊＊	＊＊＊＊	1/8	1/18	済	
		＊＊＊＊	1/10	1/25	済	
	＊＊＊＊	＊＊＊＊	1/10	1/27		
		＊＊＊＊	1/18	1/31		
＊＊＊＊	＊＊＊＊	＊＊＊＊	12/1	12/14	済	
		＊＊＊＊	12/1	12/17	済	
	＊＊＊＊	＊＊＊＊	12/4	12/18	済	
		＊＊＊＊	12/5	12/19	済	
	＊＊＊＊	＊＊＊＊	12/10	12/24	済	
		＊＊＊＊	12/11	12/26	済	
	＊＊＊＊	＊＊＊＊	12/15	12/28	済	
		＊＊＊＊	12/27	1/6		

業務管理シート

（1/15 ～ 1/21）

業務名	見込時間	予定日	実施日	業務名	見込時間	予定日	実施日
＊＊＊＊	2h	1/15	1/15	＊＊＊＊	3h	1/15	1/15
＊＊＊＊	4h	1/16	1/16				
＊＊＊＊	4h	1/17	1/17				
業務名	見込時間	予定日	実施日	業務名	見込時間	予定日	実施日
＊＊＊＊	3h	1/19	1/19	＊＊＊＊	3h	1/19	1/19
＊＊＊＊	1h	1/16	1/16				
業務名	見込時間	予定日	実施日	業務名	見込時間	予定日	実施日
＊＊＊＊	7h	1/14	1/14				

●第5章●働き方改革の実践例

スケジューラー

メンバー	月	火	水	木	金	土	日
○○	＊＊＊＊	＊＊＊＊	＊＊＊＊	＊＊＊＊	＊＊＊＊		
	＊＊＊＊		＊＊＊＊	＊＊＊＊	＊＊＊＊		
		＊＊＊＊	＊＊＊＊		＊＊＊＊		
	＊＊＊＊		＊＊＊＊		＊＊＊＊		
	＊＊＊＊	＊＊＊＊	＊＊＊＊	＊＊＊＊			
△△	＊＊＊＊	＊＊＊＊	＊＊＊＊	＊＊＊＊	＊＊＊＊		
	＊＊＊＊		＊＊＊＊	＊＊＊＊	＊＊＊＊		
		＊＊＊＊	＊＊＊＊		＊＊＊＊		
	＊＊＊＊		＊＊＊＊		＊＊＊＊		
	＊＊＊＊	＊＊＊＊	＊＊＊＊	＊＊＊＊			
□□	＊＊＊＊	＊＊＊＊	＊＊＊＊	＊＊＊＊	＊＊＊＊		
	＊＊＊＊	＊＊＊＊		＊＊＊＊	＊＊＊＊		
	＊＊＊＊		＊＊＊＊		＊＊＊＊		
	＊＊＊＊	＊＊＊＊	＊＊＊＊	＊＊＊＊	＊＊＊＊		

　今回、事例として紹介しておりませんが、集中タイムをつくることもお勧めします。職場によっては実践されていることもたまにお聞きします。集中して処理したい、考えて資料を作成したいときに、電話や来客対応をすると、思考が途切れて、また一から始めないといけないため、生産性が落ちます。締切りに間に合わせるために、一人で会議室にこもって書類を作成したり、作業をしたりということは、皆さんの職場でも見かけたことがあると思いますが、これを職場にいながら全員が交代して集中できる時間を創出する取組です。

　例えば、午前中は基本的に机の左半分の席の人が電話を取り午後には右半分の人と交代をし、10時から12時、14時から16時の2時間においては緊急的対応でなければ、基本的に電話を取らない半分の人に取り次がず折返しとしておいて、半分の人が集中して仕事ができる環境をつくり出すことです。

172

科学的に、人間が集中して仕事ができる時間は大よそ2時間程度だと言われています。それが午前中だと大体10時から12時、午後だと14時から16時頃であると言われているため、その時間に集中して取り掛かる仕事を実施するように、あらかじめスケジューリングしておき、集中タイムの時間になったらそれに着手する形です。

特に、住民などから多くの電話が日々入ってくる職場や、窓口の来客対応でカウンターに近い、特定の人に声が掛かるような職場などで有効ではないでしょうか。全員が偏りなく集中して業務ができる環境づくりも、生産性向上の一つの手段です。

●最後に

　業務の効率化や事業の見直しは、定型業務というぐらいに、定例的に実施していくことが求められます。ただし、全ての事務事業において全ての職員が行うには無理があります。職場単位で、問題点を洗い出し、優先順位と実施スケジュールを決めて、全員が協力し合って、業務の効率化、事業の見直しを進めていくことが重要です。

　ただ、本来的にはそれだけでないことはお分かりだと思います。効率化や見直しでつくり出した時間で、未来に向けての仕事をする必要があります。事例の「少人数の職場のＥ課」にあったように、事務の効率化によって生み出した時間で、学校や保護者宅等への訪問や、現地確認の時間が確保できたことにより、学校との「連携強化」、相談者の「アフターケア」に着手できるようになったという例のようにです。

　職員減少、業務量増加、厳しい財政状況は、現時点だけではなく、残念ながら今後も続いていくことでしょう。第１章でも確認したように、今後は世界の誰も経験したことのない人口減少時代に日本は突入していきます。したがって、今日より明日はもっと厳しくなる現実から目をそらさず、目の前のやるべきことだけに追われず、今ある業務を効率化し、本来やるべき使命を果たすための時間を増やすことがより求められていくことでしょう。

　本書が、少しでもそのお役に立てば幸いです。

著者紹介

【著者】

株式会社 行政マネジメント研究所

【監修】

本多　鉄男（ほんだ　てつお）

　株式会社 行政マネジメント研究所　会長

【事例案件担当コンサルタント】

徳田　貴史（とくだ　たかし）

　株式会社 行政マネジメント研究所 専務取締役

松浦　隆久（まつうら　たかひさ）

　株式会社 行政マネジメント研究所 シニアコンサルタント

津田　陽一（つだ　よういち）

　株式会社 行政マネジメント研究所 シニアコンサルタント

株式会社 行政マネジメント研究所

（本　　社）
〒136-0082　東京都江東区新木場１丁目18番11号
　　　　　　TEL：03-5534-6941（代表）／ FAX：03-5534-6942

（関西支社）
〒530-0003　大阪府大阪市北区堂島１丁目５番17号　堂島グランドビル４Ｆ
　　　　　　TEL：06-6341-5340 ／ FAX　06-6341-5341

（九州支社）
〒802-0004　福岡県北九州市小倉北区鍛冶町１丁目１番１号
　　　　　　北九州東洋ビル５Ｆ
　　　　　　TEL：093-512-7550 ／ FAX：093-330-4371

（北海道支社）
〒060-0062　北海道札幌市中央区南２条西６丁目５番地
　　　　　　土肥ビル６Ｆ（株）アムリプラザ内
　　　　　　TEL：011-222-0111 ／ FAX:011-219-1834

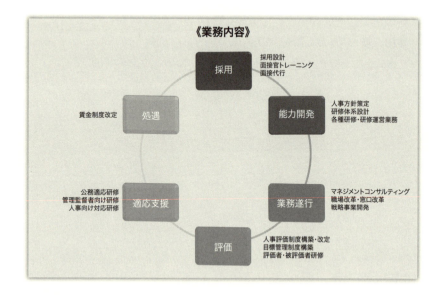

地方自治体版「働き方改革」職場実践ガイド

2018 年 7 月 20 日　第 1 刷発行

　　　著　者　　株式会社　行政マネジメント研究所

　　　発　行　　株式会社　ぎょうせい

　　　〒136-8575　東京都江東区新木場 1 - 18 - 11
　　　　　　　　　　電話　編集　03-6892-6508
　　　　　　　　　　　　　営業　03-6892-6666
　　　　　　　　　　フリーコール　0120-953-431

〈検印省略〉　　　　　　　　　URL：https://gyosei.jp

印刷　ぎょうせいデジタル㈱　　　　　　　©2018 Printed in Japan
※乱丁・落丁本はお取り替えいたします。
※禁無断転載・複製

ISBN978-4-324-10505-4
(5108434-00-000)
〔略号：自治体働き方改革〕